VENTOS DO CAIS

Editora Appris Ltda.
1.ª Edição - Copyright© 2025 dos autores
Direitos de Edição Reservados à Editora Appris Ltda.

Nenhuma parte desta obra poderá ser utilizada indevidamente, sem estar de acordo com a Lei nº 9.610/98. Se incorreções forem encontradas, serão de exclusiva responsabilidade de seus organizadores. Foi realizado o Depósito Legal na Fundação Biblioteca Nacional, de acordo com as Leis nos 10.994, de 14/12/2004, e 12.192, de 14/01/2010.

Catalogação na Fonte
Elaborado por: Dayanne Leal Souza
Bibliotecária CRB 9/2162

C794v 2025	Cordeiro, Dina Ventos do cais / Dina Cordeiro, Cláudia Cordeiro. – 1. ed. – Curitiba: Appris, 2025. 149 p. ; 21 cm. ISBN 978-65-250-6627-1 1. Memória autobiográfica. 2. Família. 3. Genealogia. I. Cordeiro, Cláudia S. II. Título. CDD – B869.3

Appris
editorial

Editora e Livraria Appris Ltda.
Av. Manoel Ribas, 2265 – Mercês
Curitiba/PR – CEP: 80810-002
Tel. (41) 3156 - 4731
www.editoraappris.com.br

Printed in Brazil
Impresso no Brasil

Dina Cordeiro
Cláudia Cordeiro

VENTOS DO CAIS

artêra
editorial

Curitiba, PR

2025

FICHA TÉCNICA

EDITORIAL	Augusto V. de A. Coelho
	Sara C. de Andrade Coelho
COMITÊ EDITORIAL	Ana El Achkar (Universo/RJ)
	Andréa Barbosa Gouveia (UFPR)
	Jacques de Lima Ferreira (UNOESC)
	Marília Andrade Torales Campos (UFPR)
	Patrícia L. Torres (PUCPR)
	Roberta Ecleide Kelly (NEPE)
	Toni Reis (UP)
CONSULTORES	Luiz Carlos Oliveira
	Maria Tereza R. Pahl
	Marli C. de Andrade
SUPERVISORA EDITORIAL	Renata C. Lopes
PRODUÇÃO EDITORIAL	Bruna Holmen
REVISÃO	Bianca Pechiski
DIAGRAMAÇÃO	Amélia Lopes
CAPA	Carlos Pereira
REVISÃO DE PROVA	Lavínia Albuquerque

À família Moreira, mesmo àqueles que não adotaram esse sobrenome, mas carregam no sangue e na alma a simplicidade sertaneja dos nossos antepassados.

PREFÁCIO

Toda a força de *Cá entre nós* se potencializa agora em *Ventos do cais*, a obra que tem em mãos, leitor. Esses ventos ressoam duas vozes muito fortes: a de Dina Cordeiro e a de Cláudia S. Cordeiro. Na presente obra, o texto de Cláudia está imbricado no de Dina, e a voz de Cláudia é um manancial de água que poreja do rio da memória da mãe. Os ventos que secaram as lágrimas da mãe, no cais do Lajedo e nas ruas de Januária, balançam os cabelos rebeldes e bravios de Cláudia, em outros portos, à beira de outros rios e oceanos.

Em *Ventos do cais*, a água é, sem dúvidas, um dos fios condutores da narrativa das vidas de Dina e Cláudia. Há muitas paisagens e caminhos líquidos na obra. A gente sai de um rio para entrar em outro: do Velho Chico ao Rio Pardo, ao Rio Catarina e, às vezes, ao mar. Não é para menos que uma bebeu do líquido amniótico da outra. E aqui, o cordão é umbilical, mas também, e especialmente, é de palavras.

Ao tempo que, na minha cabeça de leitor, Dina vai desenrolando seu novelo de histórias, enquanto Cláudia chega atenta e emenda linhas novas, novas linhas, fazendo desse cordão algo forte que ata os mundos das duas e nos arrasta junto. Os causos breves nos conectam ao mundo, esse vasto mundo cujas histórias em desalinho nas redes (que armamos para nos prender) precisam desesperadamente de narradoras como Dina e Cláudia Cordeiro.

Elas pegam as histórias, dão-lhes forma, cor, sinuosidade e coerência, cheiro e sabor. Transformam informações, ditos, jeitos, trejeitos, os cacos miúdos nos quais a vida se fragmenta e modelam um vaso bem posto, como se fossem oleiras. E nós podemos tomar a água boa desse pote. Sim!

Dividido em duas partes, Ventos do cais aproxima o leitor de dois momentos da vida das duas narradoras: a velha e a nova guarda da "moreirada". É muito interessante observar, na primeira parte da obra, a tentativa de fazer um panorama dos galhos da frondosa árvore da família sertaneja a partir da memória de Dina, repleta de nomes, rostos e lembranças.

Essa árvore é muito mais sadia do que as árvores genealógicas europeias que vemos nos livros de história, que guardam um amargo sabor de sangue e de disputas pelos despojos dos patriarcas, sendo restritivas e dolorosas: quanto menos gente, melhor. Em direção contrária, a genealogia de Ventos do Cais está erguida no sentimento acolhedor de Dina e Claúdia, duas mulheres que acolhem e aconchegam cada vez mais gente ao seu redor, para ouvir suas histórias.

É tanta gente que, em determinados pontos, é necessário Cláudia se imiscuir no texto de Dina para alinhavar-lhe os retalhos da memória. É Cláudia quem chega em socorro do leitor para desfazer algum nó e esclarecer quem é filho de quem, diferenciando as Rosas, Santas e Marias homônimas.

Invariavelmente, é Cláudia quem se dirige ao leitor, tentando trazê-lo pelas mãos, de modo a ajudá-lo a sopesar as histórias guardadas no baú das memórias de Dina Cordeiro. Memórias que não são apenas das autoras, mas de toda a grande e unida família Moreira-Cordeiro.

É, portanto, uma memória compartilhada com uma comunidade que se criou, primeiro, ao redor das autoras. E que, a partir da feliz leitura do primeiro livro, passa a fazer parte do panorama de obras que desembrulham o nosso sertão, permitindo-nos ver a intimidade de uma grande família sertaneja que, de algum modo, lembra um pouco as nossas próprias famílias.

Termino aqui meu singelo testemunho. Acredito vivamente que você descobrirá outros pequenos e misteriosos poderes além desses que mostrei.

Feliz leitura!

Pedro Borges Pimenta Júnior

(O "Dom" Pedro, como gosta de dizer Cláudia Cordeiro, neto postiço de Dina Cordeiro)

Professor do Instituto Federal em Januária – MG

SUMÁRIO

PARTE UM
OS DE OUTRORA.. 15
Dina Cordeiro

ORIGENS.. 16

DESCENDENTES GOBIRA.. 17

MEU MUNDO.. 20

MUNDO MÁGICO.. 21

DORDÓI.. 23

ZIQUEZIRAS E MEZINHAS.. 24

ACHADOS E PERDIDOS.. 25

IAIÁ E TIA ADELINA.. 27

A EFEMERIDADE DAS COISAS.. 28

GAIOLA DE DESPEJO.. 31

QUE LÍNGUA É ESSA?.. 32

FOLGUEDOS.. 33

ZÊNITE & NADIR.. 37

AUSÊNCIA.. 39

CRIA EMPRESTADA.. 41

SAFRA MINGUADA.. 43

POMPA E CIRCUNSTÂNCIA.. 44

REVOLTOSOS E REVOLTADOS.. 45

ASCENDÊNCIA.. 46

VAIDADE.. 48

SABUGO.. 48

PUTA MERDA.. 49

VENTOS DO CAIS.. 50

LAÇOS E ABRAÇOS... 52

TOMA DISTRAÍDA!.. 55

TEMPO DE AVANÇO.. 57

O BOM SAMARITANO... 58

MUI MEDICINAL... 59

TEM PÃO, DONA?... 60

PRECONCEITO.. 61

BAIXANDO A CRISTA DA CRISTÃ.. 63

FRUSTRAÇÃO... 64

CIDA.. 65

O ENCANTADOR... 67

CAÇADOR, BIÓLOGO OU ENGENHEIRO?................................... 68

VISITA DA CUNHADA RISOLETA... 69

BOA PRA CACHORRO.. 69

OBRA QUE EMPATA CASÓRIO.. 70

MANCHETE.. 71

BEM-VINDO AO MODO MOREIRA.. 72

MEXE COM MINEIRO, NÃO, SÔ!... 73

BOAS FÉRIAS... 75

SABEDORIA DE UM PAI... 76

OUTRAS VIAGENS.. 77

PARADA OBRIGATÓRIA... 79

JOACA.. 81

TREM DE PARTIDA... 84

PARTE DOIS

ENTRE A JOVEM E A VELHA GUARDA 87

Cláudia S. Cordeiro

CHUÁ 88

RATO DE BIBLIOTECA 89

O DOCE 90

VERDES LOUROS DESSA FLÂMULA 93

IOIÔ AMANSADO 93

VANILDE 97

GALO DE BRIGA 100

A PRIMA EDNA 101

FESTA DE ARROMBA 103

RANCHO DO BODE 103

CONCURSO DE BEIJU 105

POTOCAS 108

ANJO? 109

O LEILÃO 112

FIDAPUTA 114

PRISCILA E BOB JÚNIOR 117

OUTRAS MAIS DE BOB JÚNIOR 120

RUI BARBOSA MEIA-COLHER 121

STATUS DE RAINHA 123

OS "INGRÊIS" 125

POR FALAR EM GAFE 127

O SECO 129

TRAPALHADAS DE GALEGO 130

CHAPADOS 131

SEM NOÇÃO 132

DUDU 135

PESCADOS 136

A TARTARUGA 138

EDUCAR 140

MESTRE CUCA 142

JULI 143

PRAIA DE JANU.. 146

PARTE UM

OS DE OUTRORA

Dina Cordeiro

ORIGENS

Meu avô materno, Francisco Moreira, era ferreiro e tinha o apelido de *Chico Pra Tudo* pelo fato de ser muito inteligente e dar conta de qualquer engrenagem mecânica ou problemas que, para a maioria das pessoas, parecessem sem solução. A minha avó se chamava Bernardina Moreira dos Anjos. Dos Gerais de São Felipe, corridos da seca com os sete filhos, chegaram ao Cantinho, região do Tejuco, comunidade do Município de Januária. Além da minha mãe, Ana Moreira dos Anjos, tinham os filhos Maria Gobira, Florzinha, Sebastião, Luiza, Zé Moreira (pai de comadre Isabel) e Joaquim Moreira.

Triste, leitor, é que esses nomes próprios vão se repetindo na família, causando confusão na cabeça de muita gente!

Meu avô comprou muitas terras no Cantinho (região do Tejuco), perto do Bom Jantar, na Lapa, em Januária. Todos os filhos do meu avô, Francisco, tiveram muitos filhos.

Minha mãe nasceu em 1894 e, mocinha linda de dezesseis anos, casou-se com Vicente, o moço que diziam ser o mais feio da região. Em 1911, nasceu o primeiro filho, Anísio.

Não sei quem foi meu avô paterno. Só sei que devia ter o sobrenome Fonseca, já que meu pai — por não aguentar a zoação (*Vicente Fonseca, perna fina, bunda seca!*) — trocou-o por Ferreira (coisa fácil, já que nem registro tinha).

Iaiá Mariazinha era a avó paterna, vinda da região do Rio Gorutuba (nas proximidades de Porteirinha). Teve filhos no primeiro casamento: Jorge e Firmino. Do segundo casamento, além do meu pai Vicente, teve a tia Adelina. Todos tiveram muitos filhos, exceto Jorge, que morreu solteiro.

DESCENDENTES GOBIRA

Os filhos de tia Maria Gobira eram seis: Santa, Rosa, Saul, João Gobira, Dinha Vanju e Joanita.

Tratava-os como tios — do mesmo modo que os netos de tia Maria — mas ninguém me corrigiu. Na realidade, eram meus primos, já que tia Maria Gobira era irmã da minha mãe. Da mesma forma, tratava Vanju de Dinha. Apesar de não ser minha madrinha, usava essa típica abreviação linguística.

Espero que sua cabeça não esteja dando nó, caro leitor! Tive também uma irmã chamada Santa e uma sobrinha com o nome de Rosa.

Tia Rosa morava no mesmo enorme terreno da mãe. João Gobira morava mais adiante indo para o centro, em frente ao mercado.

Tia Santa morava na fazenda Água Doce, próximo a Bonito de Minas. Ela era casada com Francisco Borges, que era daquela região.

Conhecido como Pixixim por ser muito baixinho, Francisco Borges era tratado por mim com toda a deferência de Tio Pixixim. Era um santinho. Ele me dava a maior atenção. Eu ficava toda feliz quando ele ia à casa da tia Maria.

Tia Santa quis puxar o gênio de tia Maria, porém era mais ponderada. Os filhos estudavam em Januária e ficavam na casa de tia Maria. Na minha época, eram: Mariinha, Naninha, Zezito e Justino. Eu me dava bem com todos. Mariinha era mais arredia, tinha o gênio difícil, mas, como eu era muito humilde, nos dávamos bem.

Quando tinha uma visita, tia Maria chamava todos para participar da mesa. Eu era a exceção. Aquilo me deixava muito triste, pois queria participar também.

Tia Santa sempre ia de carro de boi, pois assim podia levar coisas. Eu adorava. Levava sacos com biscoitos, com laranjas, com farinha e com feijão. Incluía ainda carne de sol, rapadura e o que mais tivesse. Só sei que ela chegava junto com a fartura. E devia ser muitos dias de viagem, pois era um longo trecho a percorrer, e a viagem de carro de boi é muito lenta. Não havia automóvel ainda nessa região naquela época.

Numa dessas vezes, recordo que ela estava com o barrigão do último filho. Uns dez dias depois, ganhou o menino em casa. Lembro que o parto foi muito demorado; ela passou muito mal, mas no final deu tudo certo. A criança nasceu com dois dentinhos inferiores e se chamava Geraldo. Já com dois anos, adoeceu lá na roça e, depois de somente dois dias de enfermidade, veio a óbito.

Tia Rosa era casada com tio Faustino Figueiredo. Ele passava mais tempo na fazenda nos Pandeiros. Tia Rosa morava vizinha de tia Maria. Os filhos eram João do Carmo — o mais bonito, Zeca, Maria do Carmo, Nana, Santa (*outra*!) e Ceicinha.

Zeca, depois de um tempo de casado, resolveu ir para Belo Horizonte, onde montou uma mercearia, já que tinha experiência como comerciante. Estava tudo dando certo, até que um dia, ao acordar com um barulho estranho (morava lá mesmo, no andar superior ao comércio), desceu a escada para verificar o que estava acontecendo e recebeu um tiro. Zeca rolou escada abaixo, já sem vida.

A mulher, ao ouvir o disparo, desceu correndo sem saber o que estava acontecendo. Já encontrou o marido morto. A Senhora do Destino, por não a ter em sua lista naquele momento, dera fuga aos assaltantes.

Maria do Carmo já era professora quando entrei na escola onde ela trabalhava. O Grupo Escolar Bias Fortes — o único em Januária na época — era para ricos e pobres, porém essas castas não se misturavam.

Eu babava de vontade de participar da merenda. Entretanto, por saberem que eu morava na casa da avó da professora, achavam que eu não tinha direito, pois tia Maria tinha fama de rica. A pedido de Maria do Carmo, passaram a me conceder essa dádiva de merendar. Era invariavelmente mingau. E que mingau gostoso! Nunca me esqueci do sabor.

Maria do Carmo casou-se com um advogado de Brasília de Minas, e João do Carmo casou-se com uma irmã desse cunhado.

A quarta filha de tia Rosa, a Nana, já estudava na Escola Normal. Ela já era moça e não me dava a mínima confiança. A Santa, que era a quinta filha, cursava já o quarto ano primário. Santa era uma pessoa de uma bondade extrema e fazia jus ao nome.

A sexta era Ceicinha — devia ser mais velha que eu só um ano. Por termos quase a mesma idade, minha amizade e maior afinidade eram com ela. Ela fazia muito pouco caso de mim, porém, como eu era bobinha, sem maldade, não notava. Uma vez, estávamos no quintal e ela pegou no tronco de uma goiabeira bem onde tinha um cocô de galinha. Sujando a mão, ela sacudiu a mesma pra sair o cocô e começou a rir. Acompanhei o riso naturalmente. Rimos até nos acabar.

Depois ela falou comigo:

— Vou pôr um nome nesse dia e nunca mais vamos esquecer!

E anunciou:

— Vai ser: **Invejosa Ri**.

Inocente companheira, aplaudi e fiz parceria nas gargalhadas. Depois de adulta é que fui deduzir o porquê do título. *Veja como às vezes é bom ser a criança sem maldade. Diverti-me ao invés de sofrer.*

Depois é que tia Rosa ganhou Silvio (*outro Silvio, leitor! Não é o meu sobrinho querido. Santa falta de imaginação para nomes! – Xii... eu disse santa?! Esquece!*) e em seguida Sônia.

João Gobira tinha uma grande prole. Sua mulher chamava-se Josefina. Lembro-me de alguns nomes dos filhos: Arnaldo, Aurita, Altair (o que me causou estranheza quando conheci meu marido com o mesmo nome de uma mulher). Havia também, entre tantos outros, o filho Beto, de uns dez anos. Era escoteiro e, numa excursão, terminou morrendo afogado no rio.

Tio Saul já morava em Belo Horizonte quando fui para a casa da tia Maria Gobira. Lembro-me da primeira vez que ele foi com a família passear em Januária. Ele tinha três filhos. Eu ficava encantada com o sotaque das crianças, que tinham idades aproximadas à minha, porém eram menores.

Dinha Vanju, solteira, morava com a tia Maria Gobira e ajudou esta na minha criação. Solteira e cega, muitos anos depois que ficou sozinha, acabou adotando Francisco. O garoto cresceu como um homem honrado que cuidou de forma muito zelosa da mãe que o acolhera. Ele tinha por mim uma consideração de irmão. Faleceu em 2024, devido a câncer no fígado.

MEU MUNDO

Num daqueles primeiros dias *bochornosos* de aula, a professora soltou:

— A Terra é um planeta que possui mais água do que terra.

Cá com meus botões, pensei: *coitada dessa professora! Só fala isso porque nunca foi no Tijuco e no Cantinho. Aí, ela ia ver o tanto de terra que tem.*

Até ali, para mim, o rio São Francisco era o maior e único aguaceiro do mundo.

Meu universo era tão limitado que eu sequer sabia o gosto daquilo que chamavam de suco. Conhecia apenas a *garapada*: a de limão e a de maracujá do mato — esse maracujá amarelo era desconhecido na região naqueles tempos.

No dia da inauguração do Hospital (o SESP de Januária), quase em frente ao imenso quintal do meu Cérbero, tia Maria Gobira (mais conhecida como minha guardiã depois que fiquei órfã de mãe), eu fiquei espiando o movimento com a maior curiosidade. A professora se aproximou de mim e começou a conversar. Acredite, chegou a mãe dela trazendo o famoso e nunca experimentado suco.

— *Quer um tiquim, minha fia?*

— *Quénãosinhora!*

Maldita vergonha vestida de caipira! Maldita caipira vestida de vergonha! Malditas lombrigas que não me deixaram em paz! Excomungado gosto imaginário que me perseguiu dias e dias!

MUNDO MÁGICO

Tio Saul morava em Belo Horizonte, mas sempre vinha a Januária. Numa dessas vindas, criei coragem e perguntei para satisfazer uma curiosidade infantil:

— Tio Saul, tem rio perto donde o sinhô mora? Ou tem cisterna?

Tio Saul gargalhou gostosamente antes de responder:

— Ora, minha *minina*! A água lá é dentro de casa.

Espantada, quis saber como era aquilo.

— Tem poço *didendacasa*?

— Não! Sai é da parede!

Ah, tio Saul! Sabia bem como instigar a mente dos meus poucos sete anos!

— *Comé qui'essa* água sai da parede, tio?

— Tem um *trem* que chama torneira. A gente torce e sai a água.

Quase entrei em parafuso tentando imaginar a tal água saindo da parede.

Quando a minha sobrinha Lia se casou, eu já tinha o meu primeiro filho. Na casa dela, vi, pela primeira vez, a tal água saindo da parede. Fiquei tão encantada com a água saindo pela torneira que nem ligava para o fato de que precisava subir com a lata d'água para encher a caixa. Assumi o posto de lavadora de pratos.

É mole, leitor?! *Rio de mim até hoje.*

Na segunda vez que visitei Lia, eu estava prestes a ter o segundo filho. Minha querida sobrinha estava passando roupas com um tal de ferro elétrico.

Virgem Maria! Que trem chique!

Até então, só conhecia os ferros à brasa. É um instrumento perigoso com o qual, facilmente, um despreparado poderia se acidentar.

O tal ferro elétrico ainda não possuía controle de temperatura. A tomada era separada com um encaixe. Quando esquentava demais, desligava-se da tomada para que não pegasse fogo ou se queimasse toda a roupa.

Quis logo experimentar.

— Deixe-me passar pra você, Lia!

Que gostosura, leitor! O ferro deslizava que era uma beleza!

Quando começou a esquentar demais, fui desencaixar a tomada.

Caraca, moleque!!! O encaixe estava defeituoso. Ficou grudado à minha mão com a *brabeza* do choque. Gritei feito uma desvalida. *Arre égua!!!*

DORDÓI

Já que não tínhamos o luxo dessa água que magicamente sai da torneira, no Cantinho, pegávamos água no riacho; os maiores, em lata de querosene; os menores, em cabaças. Isso nos limitava a higiene. Usávamos a mesma bacia, lavada *malemal*, para as abluções matinais. Volta e meia, os olhos amanheciam tão grudados de remela que davam trabalho para limpar. Os olhos vermelhos e com ardência não nos deixavam dúvidas: era *dordói*! Diagnóstico que se repetia vezes sem fim. Ainda ia demorar muito para eu saber que o médico diria ser conjuntivite.

Sabia, leitor, que o termo "dordói" significa "dor de olho"? Oií, ó! Nosso mineirês!

Por volta dos meus nove anos, durante as férias no Cantinho, meu cunhado Nequinho (marido de minha irmã Faustina) levou-me até a lapa onde meu pai e meus irmãos mais velhos ficavam arranchados por muito tempo quando iam plantar roça.

Vislumbrei aquela aguinha minando e escorrendo pelas pedras da gruta. Admirada, não conseguia entender de onde vinha aquela água. Pedra criava água?! Parecia um milagre.

Na volta do passeio, ele parou em frente a um amontoado de bolinhas escuras.

— Óia, cunhada! Isso é bosta de coelho! Cada uma que *engulir*, é um ano sem *dordói*!

Não tive dúvidas, leitor! Mandei bala! Engoli com uma corajosa felicidade cinco daquelas pérolas marrons.

A abençoada memória seletiva não me permite lembrar se a simpatia surtiu o efeito esperado.

ZIQUEZIRAS E MEZINHAS

A falta de conhecimento, às vezes, evita sofrimentos e preocupações. Sobre muitas das doenças, não se tinha conhecimento do que eram ou da gravidade que as envolvia. As epidêmicas, como o sarampo, a caxumba, a coqueluche e outras, já eram esperadas. As mães até ficavam preocupadas quando não apareciam na infância.

Remédio para o sarampo era chá de sabugueiro. Não se podia sair do quarto, nem tomar banho por causa da febre alta (*estoporava*! — *Ai que medo!*).

Para a caxumba, além dos mesmos cuidados, usava-se como remédio um emplastro feito com a casa do joão-de-barro. Pegava-se um pedaço da casa do pássaro, esmagava-se, adicionando água para voltar à forma de barro, e aplicava-se no local do inchaço. O tratamento tópico era repetido todos os dias, até o inchaço desaparecer. Já se sabia que nenhum esforço físico poderia ser feito, pois a caxumba poderia descer para os bagos e causar esterilidade.

A tosse brava era tratada com chás, mas só era curada com o tempo. Eram meses de tosse intensa. Essas doenças eram chamadas de *andaço* (creio eu, por serem itinerantes, transmitidas para toda a região).

O impaludismo (febre palustre), também chamado de malária, cujos sintomas são parecidos com os da dengue, era muito comum. Era tratado com um comprimido chamado Aralém (quem diria: era à base da polêmica cloroquina – indicada pelo presidente Bolsonaro como tratamento para a covid-19 no ano de 2020) e outro à base de quinino (não me lembro o nome).

Quando eu era menina, brincava com larvas e búzios em água parada, vindo a ser infestada por *xistose*. Na verdade, era esquistossomose, uma doença parasitária muito comum na região, cuja fonte de contaminação ainda não se conhecia. Só fui tratada depois dos sessenta anos.

Era comum, naquele tempo, termos nos terreiros as ervas usadas para baixar febre, combater constipações, gripes, insônia... Todas as doenças e ziquiziras tinham que ser diagnosticadas pela experiência popular e curadas com os nossos remédios caseiros — nossas meizinhas — e, às vezes, até simpatias. Nos "cantinhos" do mundo, os médicos ainda não se embrenhavam.

ACHADOS E PERDIDOS

Meu pai morava no Tijuco. Quando ele fazia roça no Cantinho, ficava morando na lapa da serra junto aos primeiros filhos: Anísio, Levindo, José Moreira e Marciano.

Um dia, nesse acampamento, o meu pai saiu pela mata durante o dia à procura de uma boa espera para matar um veado, pois necessitava enriquecer a parca despensa, tão desprovida de carne e quaisquer variedades. Naquela época, era natural matar bichos da floresta para sobrevivência, e não havia proibição alguma.

Ele estava andando há algum tempo quando visualizou um índio não muito longe, com um veado no ombro. O selvagem, ao ver meu pai, jogou o veado no chão e saiu em disparada, embrenhando-se no mato. A roupa era apenas uma tanga de couro. O mau cheiro do índio tomou conta da área. Não se sabe se ele não tinha o hábito de tomar banho, se passara algo no corpo para disfarçar o cheiro humano e enganar a caça, ou se já andara muito e estava vencido.

Pai, respeitoso que era das coisas alheias, deixou o veado no mesmo lugar, mas voltou no dia seguinte e certificou-se de que a caça não se encontrava mais lá.

Na época, Marciano, com seus dez anos de idade, muito curioso, foi desbravando a serra. Encontrou uma entrada e foi andando. Em determinado momento, a passagem não passava de um corredor bem estreito. Ao ficar muito escuro, volta e meia, riscava um palito de fósforo para se situar. Mais à frente, ouviu um barulho de água pingando. A curiosidade aguçou. Aproximou-se do local e riscou mais um palito. Deparou-se com um tanque feito pela própria natureza. Nele, pingava a água que saía da pedra. Ele enfiou a mão e sentiu a água gelada. Ali, encontrou umas pedras leves com formato de ovo. Enfiou no bolso quantas couberam. A cor era de terra parda.

Ao retornar para casa, mostrou o achado para meu cunhado Manoel Guedes. Este chacoalhou aquela coisa e, ao perceber que algo fazia barulho no interior, recomendou:

— Quebre e veja o que tem dentro!

Marciano, dando razão ao cunhado, quebrou a casca, descobrindo outra um pouco mais clara. Quebrando esta última, esmagado junto à casca, deparou-se com um material muito brilhante.

E meu cunhado declarou:

— Não vale nada! Se fosse diamante, não quebraria.

Com material tão reles, jogou fora as outras. Um arqueólogo, com certeza, teria um palpite diferente.

Um dia, nessa gruta, descobriram uma panela de barro soterrada, com apenas uma beirada descoberta. Com cuidado, foram cavando ao redor até conseguir tirá-la intacta. Levaram esse artefato histórico para casa e o usaram para dar água às galinhas até o dia em que foi quebrado.

Que achados! Que perdas!

IAIÁ E TIA ADELINA

Por aquelas bandas do Norte de Minas, entre Januária e a Bahia, existiam muitos indígenas. Neste início do século XXI, restam poucos. Os Xacriabás vivem ainda em São João das Missões.

Em criança, ouvia a história da minha avó paterna, a Iaiá Mariazinha, contada e recontada entre risadas. Ela era filha de uma índia brava, capturada no meio do mato com a ajuda de cachorro. Prêmio vivo de caçador. Acreditei que tivesse sido minha tataravó, mas os parentes me corrigiram. Sou bisneta de índios.

Iaiá morava com a filha Adelina, irmã do meu pai. Uma criaturinha bem magra, vestida com a sina das viúvas: preto. Qualquer viúva, ainda que em plena mocidade, só se livrava do luto quando se casava novamente. Se não o fizesse, seria essa ave de plumas negras pelo resto dos seus dias.

Ao atingir a terceira idade, Iaiá perdeu a visão. Para não atrapalhar a rotina da filha, limitou sua cegueira a um pequeno espaço: da cama até a porta do quarto, onde se acocorava.

Essa imagem dela, de cócoras, ainda me vem à lembrança, bem como a reca de filhos de tia Adelina correndo dentro de casa e tirando fino na minha pobre iaiá.

Apavorada, a tia gritava com sua voz alta e estridente:

— *Ó quiocêis dirruba* minha mãe, *necequidigo*!

Confesso, leitor, que a tradução disso não é para qualquer mineiro, só para os antigos. Desse modo, sou obrigada a ajudá-lo. Seria: *Olhem que vocês derrubam minha mãe; nem sei o que digo!*

Não vai surtar, leitor, mas essa expressão "nicequidigo" tem até variante de gênero e grau! O feminino é *NECEQUIDIGA* e *NECEQUIDIGUINHA* para os menores! De qualquer forma, se esse termo ainda fosse usado, nos pouparia os ouvidos dos palavrões que muitos excomungados soltam por aí, referindo-se aos filhos.

A EFEMERIDADE DAS COISAS

> Nasce o sol e não dura mais que um dia,
> Depois da Luz se segue a noite escura,
> Em tristes sombras morre a formosura, [...]
>
> (Gregório de Matos)

E, de repente, dona! Dona Dina. Fui assim tratada com toda a deferência aos dezesseis anos. De órfã indefesa, desmilinguida e maltratada, fui transformada em pessoa de respeito e valor. Era, então, professora da Fazenda Riacho, após o básico estudo do primário. A proteção divina se fez sentir em cada poro de meu corpo. Não só a brisa ribeirinha, mas também ia entrando a fé, aos borbotões, pelas narinas. Novos ares, nova vida. As pessoas simples dali me tratavam com alegria e respeito. Meu coração foi tomando um amor desenfreado pelo povo e pela região.

Engraçado como são as coisas: hoje muitas crianças, sem o pejo que pesava no trato de antigamente, chamam-me apenas Dina. Eu gosto! Fico encantada!

Um ano e alguns meses depois, da fazenda do meu irmão Marciano, pulei para a fazenda vizinha, o Lajedo, na condição de esposa do proprietário, Altair Cordeiro.

Banhada pelo rio São Francisco, a fazenda recebia mercadorias dos barcos a vapor, como sal, café, querosene, e fornecia lenha, carnes de gado, de carneiro, de porco, galinhas, peixes, couros e cereais. Ainda ao longe, o vapor apitava, avisando sua chegada. O número de apitos era um código indicando a necessidade ou não de carnes. Normalmente, os peões apartavam uma rês, abatiam-na e a descarnavam antes do barco atracar no porto.

Quando o gaiola aportava, as transações comerciais se estendiam um pouco, dando tempo para os turistas descerem, apreciarem não só a paisagem, mas, especialmente, as bebidas que eram entornadas goela abaixo. A maioria se admirava de tamanho comércio no meio do nada, que vendia até tecido. E mais maravilhada e curiosa ficava eu ao receber tantos turistas, inclusive estrangeiros que conversavam numa língua — para mim, indecifrável — entre si.

O vapor seguia seu caminho rio acima e rio abaixo. Era nosso meio de transporte para ir a São Francisco e a Januária. Todos os comandantes eram amigos com os quais nos sentávamos privilegiadamente para as refeições e uma boa prosa.

Quando havia alguma emergência, íamos para São Francisco, a cidade mais próxima, de barco a remo com dois remadores (por nós, chamados de remeiros). Dar conta de conduzir um barco por cerca de quinze quilômetros rio acima era trabalho de horas, especialmente em rio cheio. Alguns desses barcos maiores possuíam uma vela, tal qual uma jangada, que enfunava ao vento, permitindo uma deslizada veloz e poética.

Meu marido era capaz de perceber a presença de um surubim de grande porte debaixo da água (creio que pelo movimento das maretas). Jamais consegui entender essa proeza. Lembro-me da primeira vez que ouvi uma habitual conversa ininteligível entre ele e um dos remeiros:

— Moooço! Óia o *tamãi* do *caixão* daquele peixe!

— Noooó, sô Altair!!! *Mais* é grande!

Caixão?!!! Bah! Eu nada via além de água.

Como disse Gregório de Matos: "A firmeza somente na inconstância". Fosse agouro ou não, esses "caixões" tornaram-se raros. Os peixes tornaram-se escassos.

O Velho Chico foi ficando assoreado, dificultando a navegação dos gaiolas. Alguns desses barcos foram deixando de circular.

O último sobrevivente, o Benjamim Guimarães, que navegava no século XIX pelo Mississipi, veio desmontado para o Brasil; inicialmente para os rios da Bacia Amazônica, somente chegando a Pirapora em 1920 por meio de propriedade privada. Após algumas incorporações, em 1955 passou a pertencer à União. O gaiola sempre foi recebido pela população ribeirinha como benfazeja turista. Suas vindas eram motivo de encontros no cais. Recebíamos a embarcação como quem recebe uma autoridade muito famosa. E o povo a via. E o povo se via. E o rio tinha vida... dançava em torvelinhos de forma majestosa, qual cigana em dia de festa.

Em 2020, ano da pandemia do coronavírus (covid-19), o Benjamin deveria passar por mais uma reforma para aguentar um pouco mais os pequenos passeios turísticos em seu berço, Pirapora. Ao ser içado para a terra, sofreu uma avaria de grande monta. Sua quilha foi partida ao meio. Alguns perderam a esperança de recuperação, enquanto outros ainda sonham. O tempo dirá quem tinha razão.

Pequenos barcos a motor foram se infiltrando sorrateiramente no rio. Como donos dessa novidade, estavam apenas os mais abastados.

Estradas de terra foram abertas, inclusive entre São Francisco e Pirapora, São Francisco e Januária, e o Lajedo e São Francisco, permitindo o transporte rápido por meio dos automóveis.

GAIOLA DE DESPEJO

Em certa ocasião, o Governo, devido à superlotação de presídios, encheu um vapor com presidiários indultados. Assim feito, ordenou ao comandante que, em todo porto, soltasse uma leva, sem direito de ficar um para trás.

Cumpridor dos deveres, o comandante oferecia aos proprietários dos portos uma mão de obra extra.

— Olha, senhor Altair, os coitados não têm onde cair mortos. O senhor pode ter uma mão de obra barata. Preciso deixar esses dez aqui.

Sagaz que era, meu marido recusou prontamente aquele *presente grego*.

— Aqui, não, sinhô! Nas minhas terras, não!

— O senhor vai desculpando, mas tenho que cumprir ordens.

Sem comprar inimizade com o comandante, Altair, cuja cara enfezada era temida por muitas léguas além dos limites da fazenda, endureceu a tez, enfunou os peitos, apontou o indicador em direção aos libertos e despejou:

— Que seja a primeira e última vez que vocês pisem nas minhas terras! Se eu voltar a enxergar qualquer um, mando bala!

Os pobres diabos tomaram rumo ao oeste e soverteram. Realmente, jamais foram vistos de novo por aquelas bandas. Fiquei com muita pena daqueles rapazes.

Creio que o senhor Jovem da Mata, nosso vizinho ao norte, rio abaixo, aceitou alguns. Sua fazenda, Mata do Engenho, também era porto de vapor. Era uma pessoa boa, de leal amizade, inteligente, inclusive escritor. O Rio Pardo limitava nossas terras. Apesar de ficar a quilômetros de distância, avistava-se sua fazenda devido ao descampado formado pelo rio.

Sua filha Maria tornou-se próxima de mim, pois tínhamos muitas afinidades, inclusive a mesma idade. Batíamos perna pela redondeza, indo, às vezes, até o Riacho visitar meu irmão Marciano.

QUE LÍNGUA É ESSA?

Os agregados do Lajedo tinham muita afinidade comigo. A consideração era recíproca. Adoro o povo simples, despretensioso e receptivo desse sertão. A sua linguagem típica sempre me foi conhecida. O modo de falar, misturando a linguagem arcaica e refinada dos antigos fidalgos com aquilo que os ouvidos conseguiam apreender, não era nenhum mistério para mim. Tanto é que muitas falas ainda estão vívidas em minha memória.

Havia um casal muito querido entre aquele pessoal: Ana Angélica e Coló.

O Coló, cabelo farto e branquinho, exibia vincos profundos por toda a face que revelavam não a idade, mas a lida sofrida sol a sol. Era um devoto de São João tão fervoroso que sempre tomava para si o encargo dos festejos para o santo. Arrecadava donativos por toda a região para que a festa fosse farta. Nessas festas, eu providenciava o que faltasse e, não sei se por exibicionismo ou para agradar o povo, ia a São Francisco e comprava tudo que era novidade. Além dos tradicionais foguetes, adicionava as bombinhas de salão (também chamadas "espanta coió") e chuvinha de prata. Os convidados ficavam encantados.

Ana Angélica, com aquele andar elegante treinado pelos muitos anos de equilíbrio de carregar sobre uma rodilha de pano o pote de água na cabeça, certa vez, desabafou sobre a lida: "*Minina, traisdontonte nóis foi prantá arroiz no brejo no rompê do dia e num levemo nada pra botá na boca! Conde saímo, tomemo café limpo, apois num tinha nadica pa cumê. Conde o sole tava dirriano, fumo imbora. I'eu cheguei tão intirissada que distombejei na cama sem agigo di fazê o dicumê. Antonce, conde Coló viu aquilo, foi fazê um refrigero pa nóis cumê. Tinha uma garrinha seca de viado e ele pegô esse trem, feiz uma paçoca e chá de capim santo e inda me levô na cama. E pucevê! Coló nunca feiz o dicumê! Minina! E isso me deu uma sustança qui ocê num faiz ideia! Levantei, o sole num tinha nem arribado, cortei uma bassoura no mato, barri o terrero intirim. E dispois, nóis foi prantá o ristim de terra qui ficô".*

Para mim, aquilo era mais que o conforto da língua mãe! Era rústica música que falava direto com minha alma sertaneja!

FOLGUEDOS

No dia primeiro de janeiro, saía a Folia de Reis. Os foliões eram geralmente os mesmos das festas anteriores, só sendo substituídos quando algum integrante falecia. Saíam de casa em casa e, a qualquer hora da noite, chegavam à porta com uma toalha bordada em volta do pescoço. Seus instrumentos eram: a viola, geralmente executada pelo mestre reiseiro, além de reco-reco, zabumba, sanfona, pandeiro, caixa e outros. E quem tinha a promessa de cantar os Santos Reis teria que cumpri-la fielmente até a morte.

Quando morávamos no Lajedo (fazenda registrada como Lagedo, mas recuso-me a usar essa grafia!), à beira do rio São Francisco, ficávamos na maior expectativa com a chegada dos reiseiros. Chegavam em silêncio no meio da noite, com os instrumentos previamente afinados, e começavam a cantar pelo lado de fora, saudando os donos da casa na maior animação. Uma só pessoa cantava o verso, que era repetido por todos.

"Deus te dê boa noite
Boa noite Deus te dá
Santos Reis na sua porta
qui'aqui *vêi visitá*" (bis)

Abríamos a porta e eles entravam cantando:

"O navio da nascente, navega sem marinheiro (bis)
Todos assim *navega* a *fulia* no dia seis de janeiro (bis)
No dia seis de janeiro tem uma promessa Divina (bis)
Qui'os anjo do céu cantava, *conde* Deus era *minino* (bis)

Vosmicê seu *Altaí mió* cavaleiro *fidargo* (bis)
Tem o *soli pur* caminho
Pela lua foi guiado. (bis)

E também a Dona Dina
De *prata feis* a *cuié* (bis)
Entre *as beleza* do mundo
É rainha das *muié*" (bis)

O mestre reiseiro cantava a estrofe que era repetida por todos os integrantes:

"25 de dezembro
Quando o galo deu sinal
Que nasceu o *minino* Deus
Numa noite de natal
Oi, oooi...

A estrela do oriente
Fugiu sempre dos Judeus
Pá avisá os *treis* reis santos
Que o *minino* Deus nasceu
Oi, aaai

Os *treis* reis quando *subero*
Viajaro sem *pará*
Cada um trouxe um presente
Pru minino Deus *saudá*
Ai, aaai

Nesse instante num *ranchim*
Passou a *istrela* guia
Visitou *todos presente.*
Onde o *minino* dormia
Oi, oooi

Oh Deus salve a casa santa
Onde é sua morada
Onde mora Deus minino
E a *óstia* consagrada
Oi, aaai"

Após a cantoria de Reis, era a dança dos quatro e o batuque. A mulherada caía dentro. Findada a folia, o café era farto, regado com biscoito frito, pão de queijo, farofa de carne, torresmo, pinga, vinho, licor e o que mais houvesse. Era comum que pedissem ovos crus para consumi-los dessa forma, *in natura* (creio que era para fortalecer a garganta).

Antes de sair, tinha a despedida que era cantada assim:

"Se *tivé* de *dá ismola*

Já bem pode manda *dá* (bis)

Sumo arriero de longe

Num *pudemo demorá*" (bis)

Meu marido, em todos os anos, dava uma rês. Com o sorriso mais fácil, depois da oferenda e das biritas, o reisado cantava o agradecimento:

"Deus te pague sua *ismola*

E os anjo *qué louvá* (bis)

No reino do céu te veja

Sentado no bom *lugá* (bis)

O *rusaro* de Maria

Foi feito em Jerusalém (bis)

Pelo nome de Deus Pai

Isprito Santo amém" (bis)

No dia seis de janeiro, era a grande festa na casa do Mestre Reis, com as coisas arrecadadas: boi, carneiro, cabra, arroz, feijão, porco, farinha e muita cachaça.

Nas cidades de Januária e São Francisco, havia, além dos reisados, como festejo natalino, o Auto das Pastorinhas.

Outra festa muito esperada, também, era o São João, no dia 24 de junho. Feriado religioso extinto do calendário nacional, mas mantido em diversos pequenos municípios do Norte de Minas.

As ruas, sem calçamento, recebiam ritualmente uma fogueira acesa em todas as portas. Fazia-se muito biscoito, como peta, ginete e pão de queijo, bolo de fubá, bolo de mandioca, canjica, quentão e muito café. Para os homens, havia uma cachacinha. Assava-se batata-doce na fogueira. Não faltavam rojões. A meninada soltava traques e espanta-coió (hoje conhecida como bombinha de salão). À meia-noite, uma cerimônia: para se tomar alguém como comadre ou compadre, deveriam ser dadas voltas na fogueira fazendo súplica. Era algo que se levava a sério e ficava valendo de verdade.

Um outro ritual também costumava ser cumprido: o das adivinhações. As moças colocavam uma bacia com água, acendiam uma vela e deixavam pingar na bacia, buscando o nome do futuro marido, pedindo a Santo Antônio com muita devoção. Havia quem colocasse uma imagem de Santo Antônio de cabeça para baixo para exigir do pobre santo um marido.

Não se falava em "Papai Noel" — acho que este ainda não tinha nascido; só o Menino Jesus. Entretanto, mesmo sem troca de presentes, a comemoração natalina era esperada com ansiedade.

Fazia-se um presépio chamado de "lapinha" em quase todas as casas. A lapinha de Dinha Vanju era famosa, considerada a mais bonita em Januária. A cegueira de Dinha Vanju não limitava sua habilidade e inteligência. A lapinha era visitada por todos pela sua beleza e fama.

ZÊNITE & NADIR

São Paulo, em determinado período da minha vida, virou caminho da roça. Eu ia visitar minha caçula, Valéria, que já estava casada com Marcelo, filho da minha sobrinha Rita. O casal, hoje desfeito, tem uma filha, Lorena.

Sempre foi uma escapulida boa que durava até dois meses. Rita, além de sobrinha, é uma afilhada por quem tenho um amor incondicional. Como se não bastasse ser uma pessoa maravilhosa, ainda tem o desplante de ter como parceiro um *gentleman* extremamente bem-humorado, o *Tonhô*. Passamos dias maravilhosos juntos, tanto na casa de Santo André quanto no sítio deles em Pirassununga.

Em uma dessas idas a São Paulo, conheci Nadir, casada com Adélio, filho de Tia Adelina.

Os pais de Nadir, retirantes de uma das constantes secas nordestinas, vieram da Bahia para Januária. Descer do vapor sem nenhum conhecido na cidade e sem dinheiro não foi de grande valia para a fome. Ficaram perdidos, morando na rua.

O casal, com um filho de dois anos, esperava o nascimento do próximo para breve. Arranchados próximo ao hospital São Vicente, que hoje é uma universidade, chamaram a atenção de uma irmã de caridade que lá trabalhava.

A religiosa, compadecida, levou a grávida para o hospital. Dali a dois dias, nasceu Nadir. Triste sina do casal que ganhou e perdeu. Debilitado, o primogênito que ficou com o pai virou anjo, atingindo o ponto mais alto do céu – o zênite.

A recém-parida recusou-se a dar a filha para adoção, ainda que fosse para a irmã caridosa.

Dô, dono de uma fazenda chamada Bom Jantar, ao passar pelo casal, parou para conversar. Pressentindo que se tratava de pessoas honestas, mas em dificuldade, convidou as tristes figuras para irem para suas terras.

Lá, foi-lhes arrumada uma rede para o bebê. Fincaram quatro moirões para formar uma cabana e cobriram-na com palha de buriti. O pai saía para trabalhar, ficando Nadir aos cuidados da mãe. Muito trabalhador e honesto, lutando como um mouro, aquele progenitor progrediu. Por fim, adquiriu suas próprias terras.

O casal ainda teve outros filhos.

A filha Nadir mora com o marido no Tijuco. Eles são proprietários de um sortido armazém e de uma casa confortável, bem próxima de onde tia Adelina morava. Tive o prazer de visitá-los há alguns anos. Eles têm um filho, o Alex, empresário bem-sucedido em São Paulo. Este é casado com outra prima minha, Claudinha, assistente social.

A casa de tia Adelina, ainda tal qual minha lembrança, é habitada por uma de suas netas.

Ora vejam, leitores! Que Tijuco moderno! Água encanada, automóvel, luz elétrica, internet e tudo mais!

AUSÊNCIA

> Por muito tempo, achei que a ausência é falta.
> E lastimava, ignorante a falta.
> Hoje não a lastimo.
> Não há falta na ausência.
> A ausência é um estar em mim.

> (Carlos Drummond de Andrade)

Estava eu retornando de uma dessas viagens a São Paulo quando fiquei observando o companheiro que estava ao meu lado. De aparência humilde, não desgrudava um segundo do celular, mantendo-o na mão como se estivesse preso por um poderoso ímã.

Não tardou a ligar.

Não ouse me chamar de enxerida, leitor, mas fiquei escutando a conversa, sim! O homem estava do meu lado e falando com alguns decibéis acima do que provoca surdez... Além disso, eu não tinha mesmo nada para fazer!

— E aí, Zoião? Tudo *inriba?*

...

— *Tô marmió, cumpanhero!*

...

— *Faiz* tempo *mermo!*

...

— *Ieu* vô *apiá* aí e *nóis* vai *topá!*

O fato é que o contexto linguístico me permitiu fazer uma segunda viagem: a da memória. O linguajar da minha raiz, o linguajar do Lajedo. Apiei de um cavalo que montava há anos. Na minha mente, desci dessa linguagem urbana, revi e abracei meu povo. Revivi prosas esquecidas em um canto.

Vieram povoar minha mente: Jove de Adão, Zabelê, dona Matilda, dona Joana, Sá Arquilina, Seu Horácio, Maria de Horácio, Zé Deitado, Calu Nego (leia-se nêgo), Zé Pintado, João Namoro (leia-se *namôro*), Geraldo de Gino, Zé de Seu Marco, Dusão, Coló e tantos outros... A maioria, meus compadres que me honraram dando-me incontáveis afilhados, batizados ali mesmo no Lajedo.

Calu Nego, meu chapa, ainda lamento a morte do seu menino!

Era meu afilhado, o filho de Calu Nego. Certo dia, o menino enfiou a mão em um buraco de tatu para puxá-lo. Foi surpreendido por uma cobra. A picada peçonhenta o levou.

Hão de me perguntar alguns: *"não levaram pro hospital pra aplicar o soro?"*.

Ora vejam: aconteceu naquele momento fatídico, quando ainda só tínhamos um barco sem motor, numa época de rio muito caudaloso em que os braços mais hercúleos levariam horas para chegar a um hospital desprovido do soro antiofídico descoberto por Vital Brazil.

Foi o momento de Deus! Nem por isso, menos triste.

Nosso Senhor também tomou para anjo o filho de um agregado, Zé Vilásio. A criança, picada por escorpião, gritava e corria devido à dor. Impotente, quando o pobrezinho desmaiou, o pai o amparou e embalou até entregá-lo aos braços do outro Pai.

CRIA EMPRESTADA

> Aqueles que passam por nós, não vão sós, não nos deixam sós. Deixam um pouco de si, Levam um pouco de nós.
>
> (Antoine de Saint-Exupéry)

O senhor Horácio, mulato magro e trabalhador, era casado com Maria, clara, mas tingida de sol, de olhos azuis aguados. Ambos eram agregados do *Lajedo*.

Maria, alma vivaz e risonha, nasceu também no Cantinho. Minha conterrânea tem por vício linguístico a seguinte expressão:

— En... eim!... Ô dó!

Não importava se a notícia era boa ou ruim, a resposta iniciava igual:

— Maria, Robson está no rancho e disse que depois vem lhe dar um abraço.

— En...eim!... Ô dó! E ele tá *bão*?

— Tá do jeitinho que pediu a Deus! Só pescando!

— En...eim!... Ô dó! E o cachorrinho que ele levou daqui?

— Morreu!

— En...eim!... Ô dó! Diz *qui* eu *tô isperano* ele *pra intá mais eu*!

De sua imensa prole, um me roubou o coração: Antônio (para sempre, Tone). E esse amor sempre foi recíproco, de mãe para filho e de filho para mãe.

Alfabetizei Tone e meu filho Robson, junto às demais crianças da fazenda e de toda a redondeza. Na mocidade, Tone trabalhou no armazém da fazenda, fechando os olhos quando meus pequenos surrupiavam balas.

Quando mudei para São Francisco, só nos víamos praticamente nas férias escolares dos meninos que antes eram mais prolongadas. Em julho, eram trinta dias. Quando montamos o frigorífico de peixes, meu Tone, já casado e com a primeira filha — a bebezinha Sônia — veio trabalhar conosco.

Altair, quando ficou doente, fechou a peixaria de São Francisco e as duas em Montes Claros. Quando ele faleceu, eu a reabri, deixando Tone como gerente. Eu ia lá duas vezes por semana, trazia duas caixas enormes carregadas com peixes que seriam vendidos em Montes Claros. O maquinário, já muito velho, pifou algumas vezes, fazendo com que algumas toneladas de peixe se perdessem. Com os prejuízos, ficou impossível levar o negócio adiante.

Fechei as portas do comércio, mas não do coração. Nossa amizade continuou. Era na casa de Tone que eu me hospedava quando ia a São Francisco. Era na minha casa que Tone ficava quando vinha a Montes Claros.

Tone estava com hipertensão, mas não seguia as orientações médicas, por mais que a esposa Maria (xará da sogra) ralhasse com ele. Era de seu gosto comer carnes gordurosas e jamais abriu mão de comer, todo santo dia, o macarrão que lhe aumentava o peso e os triglicérides.

Certo dia, chegando de uma das viagens a São Paulo, minha filha Cláudia me deu a triste notícia: Tone partira. Atravessara a passagem para a outra margem do rio da vida. Sei que, entre estas duas margens, a do nascer e do morrer, tornamo-nos almas próximas.

Havia acabado de tomar banho e já ia me deitar para descansar da longa jornada quando recebi a notícia. Despachei o cansaço e, entre lágrimas, chamei um táxi para me levar a São Francisco. Fui velar Tone de Horácio, meu filho do coração.

Ao chegar, seu Horário, pai de Tone, entre lágrimas, me abraçou e disse:

— Oh, Dona Dina! A senhora nunca *trupicou* comigo! E o *Seu* Altair *trupicou* tantas *vêis*!

Confesso, leitor, que nunca havia ouvido esse palavreado, mas entendi.

SAFRA MINGUADA

Seu Otone Coutinho era casado com minha prima Isaura. Ele também era primo do meu cunhado João Coutinho, que, por sua vez, era casado com minha irmã Santa.

Se você leu Cá entre Nós, já conhece a lendária figura de estopim curto, leitor.

Uma vez, ele ganhou uma medida de amendoim, a qual plantou para ter uma renda extra. Mesmo com a chuva escassa, fez a colheita de dois sacos cheios da leguminosa ainda na casca.

Colocou a safra no carro de boi e foi, todo contente, vendê-la no mercado de Januária, certo de que levaria uma boa feira para casa com o dinheiro da venda.

Como o produto era novidade, choveu de freguês. O primeiro pegou um amendoim para provar antes de comprar e falou:

— *Rapaiz*! Esse *tava* chocho, vou pegar outro *mendubim*!

Chocho também! Já no terceiro, os fregueses vendo que não estavam bons, caíram fora. E esse freguês que já tinha pegado três, ficou sem graça de sair e perguntou:

— O senhor só tem esses?

Seu Otone, já fulo de raiva por ter perdido os fregueses por causa daquele enxerido, soltou:

— *Tá chegano* um carro cheio.

O comprador animou-se e perguntou:

— De onde *tá vino*, seu moço?

Seu Otone deu uma sapateada — como de costume quando ficava irado — e falou com sua voz de chicote estalando:

— **Vemdosinfeeeeerno**!!!

E pegou os sacos de amendoim e tacou-os no carro e bufou e espumou rumo a fora. *Quem sabe quando essa raiva passou*?!

POMPA E CIRCUNSTÂNCIA

A catedral ebúrnea do meu sonho
Afunda-se no caos do céu medonho
Como um astro que já morreu

(Alphonsus de Guimarães)

O Ginásio São João, recém-construído, era lindo de se ver. Deu à cidade ares de importância e sofisticação. Além dos sobrados antigos em estilo colonial, ainda não existiam por lá construções de dois pavimentos. Aquele era o primeiro. Para mim, aquele prédio era um sonho, um encanto.

O monsenhor João Montalvão, irmão do padre Ramiro do Brejo do Amparo, era o proprietário e diretor.

Lá, uma vez por semana, à noite, havia um recital aberto ao público. Como, nessa época, tia Maria Gobira resolvera se mudar, isso me permitia dar meus pulos para ir assistir, pois morava próximo.

As estudantes recitavam poesias lindas, outras cantavam, outras tocavam...

Há algum tempo, estando em Januária e passando pela rua, dei por falta do prédio que tanto me fascinou. Ele foi demolido junto com sua pompa e história.

Vizinho ao colégio, havia o pensionato para as estudantes oriundas de outras cidades. Ficavam lá, enclausuradas, tendo o direito tão somente de sair para ir à missa. Na missa, algumas tocavam bandolim e violão, entre outros instrumentos musicais, para acompanhar os louvores. Sempre acompanhadas pela madre superiora, muito raramente passeavam em grupos pela beira do rio.

A escola se foi. O pensionato se foi. Restaram apenas as lembranças naqueles que vivenciaram um período de ouro em Januária.

REVOLTOSOS E REVOLTADOS

Meu irmão Marciano contou-me que, quando nossos pais tinham apenas os primeiros quatro filhos, a situação da República no Brasil ainda era muito instável, deixando o povo inseguro e assustado.

Em determinado momento, aos prefeitos foi dado o pleno poder, tal qual um rei sobre seus súditos. Os patenteados, com o poder de "educar" a população, escolhiam suas pessoas de confiança. Estes cometiam as maiores barbáries contra os desassistidos e indefesos. Eram chamados pela população de "Os Revoltosos". Invadiam e pilhavam casas, ainda que fossem muito humildes, se assim o desejassem.

Ai de quem questionasse essa autoridade! Um pai de família que os enfrentasse era torturado e levado para a cadeia, se tivesse a sorte de sobreviver.

Nesse contexto, correram meu pai, minha mãe e meus quatro primeiros irmãos para o mato. Lá, no casebre humilde, os invasores mataram porcos e galinhas. Com a família escondida no mato próximo ao lar violado, meu pai esgueirava-se para espiar se o bando havia partido.

ASCENDÊNCIA

O Ramiro Esdras Batista, professor no Amapá e mestre em antropologia, através de difíceis pesquisas, constatou a realidade vivida pelos nossos primeiros habitantes — o que retrata em seu livro KEKA MAWRI (GUERRA). Não bastassem as dificuldades da sobrevivência do dia a dia, não tinham paz. Muitos episódios tristes de guerras e outros episódios de extermínio aconteceram na região Guianense (antes Amazônia Caribenha) com os índios Oiapoque. São passados de muita injustiça que não podem cair no esquecimento, e é primordial que todo brasileiro saiba sobre nossos antepassados. Essa história é nossa! Somos brasileiros! Certa ocasião a passeio pelo Centro-Oeste, fomos à casa do meu sobrinho Edson, que reside em Sidrolândia – Mato Grosso do Sul.

Em meio às conversas, fiquei sabendo que havia indígenas na região (inclusive próximo). Minha curiosidade aguçou. Meu sobrinho, muito sagaz, percebeu meu desejo de ir a uma aldeia.

Qual foi meu contentamento quando ele se dispôs a me levar até lá. E mais contente fiquei ao chegar e constatar que, mesmo sem luxo, a moradia não era tão precária. Fomos muito bem recebidos pelos donos da casa. Havia rapazes fazendo faculdade. A criançada veio me abraçar com a maior alegria. Meu sobrinho não se conteve e tirou uma foto que guardo com o maior carinho.

Viajei no meu passado, nas histórias contadas pelo meu pai e meus irmãos... Nunca fui tão consciente de onde vim! Sou bisneta de uma índia bravia!

Ao me conscientizar da nossa história, vejo quanta barbárie enfrentaram não só os indígenas, quanto os africanos que, de povos livres, vieram como escravos para o Brasil. Quanta violência corre em nossas veias!

Meu pai contava para nós sobre um fazendeiro abastado naquela região. Ele tinha muitos escravos. Um dia, uma escrava mocinha, mexendo um tacho de melado para fazer rapadura, disse que não estava aguentando de tanta dor de cabeça. Ganhou umas belas chicotadas pela ousadia e, pouco depois, ela caiu morta, batendo a cabeça, que se partiu, dando vazão aos miolos.

Em Januária, dinha Vanju falava muito sobre o autor Manuel Ambrósio. Como eu ainda era criança, não dava tanto valor. Ela me contou de um caso dele muito comentado em Januária (diziam ser um fato que foi narrado em um dos seus livros):

— Naquela época, não existia banheiro, Dina. Uma criança, filho de escravo, olhou a menina do patrão fazendo xixi no terreiro. Por esse motivo, o patrão, pai da menina, mandou pegar dois cavalos, amarrou os braços e as pernas do garoto em cada cavalo e, montado noutro, atiçou os animais que saíram em disparada.

E isso era a justiça dos brancos e que servia de exemplo. Quanta crueldade!

VAIDADE

Na minha época de juventude, usava-se cabelo cacheado. O meu, assim como o das primas, era liso. "Lambido" — assim era chamado.

Minhas primas, de família abastada, mandavam fazer permanente, que deixava os cabelos cacheados por muitos meses. Ficava parecendo cabelo de cocó (*sabe-se lá o que era isso. Seria uma referência ao Rococó?!*), mas achávamos lindo e era a moda da época.

Eu, completamente sem dinheiro, tentava do meu jeito. Fazia tiras de papel, enrolava-as no cabelo, torcendo ao final para fixar. Era o chamado papelote. *(Até que dava bom resultado, leitor! Porém por poucas horas, pois **a bosta** do cabelo era liso por demais).* Naquela época, mulher não usava calça comprida nem bermuda. Quando vesti calça comprida pela primeira vez, já tinha filho.

Os vestidos da época até minha pré-adolescência eram godê duplo, acinturados e de manga fofa. Quando veio a moda de manga japonesa, fiquei doida para possuir um vestido daquele jeito. Como não foi possível, tive uma ideia: arranquei a manga do único que tinha para ir à missa. Ficou uma lástima, mas para mim estava o máximo. Foi motivo para mais uma surra da tia Maria Gobira.

SABUGO

Do milho, tudo se aproveita. Tem mil e uma qualidades e utilidades. Na minha infância, seu papel era fundamental.

É sim, leitor! Podemos brincar com essa palavra ‹papel›, pois o papel higiênico ainda ia demorar a ser visto e usado por mim.

Todos nós, a caminho das bananeiras, recorríamos ao balaio sempre cheio de sabugo de milho. Na verdade, para nós, era "*sabuco*"!

Adivinhou qual era a milésima primeira utilidade? Ainda que tenha entendido, leitor, só quem já usou é que sabe a dureza. Principalmente se você for daqueles para quem o papel tem que ser duplo, picotado, com perfume de rosas e todas as frescuragens mais para o seu olho de Tandera.

Nem em Januária havia papel higiênico. O salvador dos *fueiros* ainda demorou um tempo para aparecer por lá.

Até escova e creme dental só conheci bem depois que cheguei a Januária. E demorou mais um tempo antes que eu possuísse uma. Escovava os dentes mastigando folhas de juá. Demorei também a usar um sabonete, pois não o tinha em casa. Usávamos só o sabão *dicuada* (de coada), inclusive no cabelo.

PUTA MERDA

Tio José Moreira, pai da minha saudosa prima e cunhada Izabel, um dia, em viagem, teve uma vontade urgente de ir ao mato. Desceu do cavalo, amarrou-o a uma árvore e se ajeitou próximo a um toco. Ali, satisfez sua necessidade, limpou-se com umas folhas, mas acabou sujando a mão. Enojado, sacudiu-a com força. Esta esbarrou em um toco, machucando um dedo.

— PUTA MEEERDA!!! — uivou.

Na bruteza do momento, ele *tacou* o dedo na boca.

Ele contava essa história e arrancava muitas gargalhadas, ainda mais quando completava:

— Nunca provei nada pra amargar tanto!

Tanto ele quanto sua filha Isabel nunca pouparam a ninguém uma risada.

Esse tio era ferreiro. Tirava material da serra e fazia barras de prata. Não gostava de visitas no local de trabalho.

Certo dia, apontou um local e avisou à esposa:

— Joana, eu vou morrer. Aqui neste lugar tem barras de prata enterradas.

— Eita, *home*! Tu deixe de *bestagem*! Que prosa mais *agorenta*! *Donde* já se viu?

Sabe-se lá dos mistérios dessa vida?!

O certo é que, no dia seguinte, o homem caiu duro.

Passado um tempo, a viúva desenterrou as muitas barras de prata para manter o pão na mesa da família.

VENTOS DO CAIS

> O rio da minha aldeia não faz pensar em nada.
> Quem está ao pé dele está só ao pé dele.
>
> (Alberto Caeiro)

O rio São Francisco foi meu querido vizinho por muitos anos. Tive esse privilégio sagrado em Januária, na fazenda Lajedo e em São Francisco.

Recordo que, já adulta, por vezes sem conta, me perdia em pensamentos olhando o rio seguir seu curso. Pensava na pressa que o rio parecia ter em chegar ao seu destino; se, depois de tanto desaguar, não lhe faltaria água.

Parece não ter sido necessário um milhão de anos a mais para o rio dar sinais de velhice e cansaço. Somente algumas poucas décadas depois, vi o Velho Chico entrar em decadência. Os peixes sumiram, sua água minguou. O leito assoreado não permitia mais que os vapores singrassem suas águas.

Antes da ponte entre Pedras de Maria da Cruz e Januária, atravessávamos de balsa. Em todas as vezes, meus filhos mais novos compravam milho verde para comer e iam descaroçando para dar comida às fervilhantes piabas. Numa dessas vezes, estranharam:

— Mainha, olha! A gente joga milho e não aparece nenhuma piaba!

A deliciosa corvina, peixe sensível à poluição, foi desaparecendo. Assim como o cascudo, o pirá...

Jogaram alguns alevinos para repovoar o rio. Daí surgiu o peixe que conhecemos como pacu-caranha. Não é originário da bacia do São Francisco. Introduziram-no, creio, por engano no Velho Chico. Meu filho Jassanã ficou intrigado quando o pescou pela primeira vez. Mostrou-nos aquele ser estranho a nós. Foi tema de várias conversas.

Agora, em 2024, meus filhos Robson e Cláudia, voltando de uma pescaria em Januária, contaram-me a última novidade: há caranguejos e camarões no São Francisco. Não estou me referindo à foz do rio, mas sim à região do Médio São Francisco, mais precisamente em Januária.

Quando menina, havia dentro de mim uma certeza inabalável de que aquela imensidão de rio não iria mudar. Que os barcos a vapor sempre aportariam no cais, despertando a expectativa e a curiosidade sobre o que e quem transportavam.

Minhas certezas se foram. Os ventos mudam. A vida muda.

E como muda!

LAÇOS E ABRAÇOS

Quando eu morava em São Francisco, meus vizinhos eram como se fossem minha família. Primeiro, morei bem próximo à igreja e minha vizinha Geraldina, casada com José Alberto, era uma amiga especial. Os quatro filhos: Zito, Socorro, Milene e a caçula Cássia eram os amigos com quem minhas filhas brincavam na praça em frente às nossas casas.

Vendemos a estreita casa de frente à praça da catedral e compramos outra, não distante. Era ainda mais próxima ao rio. Tínhamos o São Francisco como vizinho de frente.

As portas da sala de visitas, em vidro transparente, nos permitiam apreciar o crepúsculo, que nos oferecia um espetáculo diferente e maravilhoso a cada dia.

Meus novos vizinhos tornaram-se próximos, logo, logo. Eram Dona Casilda, Dona Norcina, *Seu* Jonas, Clarice e o marido, *Seu* Arí, todos eles já falecidos. João Bosco, filho do senhor Jonas, também era um bom amigo.

Geralmente, nosso ponto de encontro era na porta da casa de minha amiga Clarice. Era tão divertido! Saíam tantos casos engraçados! A gente ria muito e assim matávamos a rotineira falta de diversão, pois a televisão ainda tinha uma transmissão precária que ficava meses sem pegar nada. Aquela convivência sadia nos fazia muito bem.

Quando a televisão estava transmitindo, muitas vezes nos reuníamos na casa da dona Casilda para assistirmos juntos à novela que estivesse passando. Geralmente, no final da novela, para nossa revolta, a transmissão era tirada do ar.

No mês de junho, acendíamos fogueiras. Era quando os bolos e biscoitos eram regados com muito chá, café ou quentão. No Natal, as novenas eram sagradas entre nós.

Numa dessas novenas, já sendo o último dia, em certo momento da reza, cada integrante faria um pedido. Como minhas filhas estariam de volta naquele dia, de um passeio a Ponte Nova, juntamente com o filho mais velho, Robson, minha súplica foi que fizessem boa viagem. Todos os integrantes fizeram o mesmo pedido.

O meu filho estava vindo com Regina e Cláudia — era a primeira vez que elas viajavam sem minha companhia. Era em Ponte Nova que meu filho morava a pedido da madrinha — minha irmã Santa — para estudar o Ensino Médio (nesta época, a cidade de São Francisco oferecia, como única opção desse nível, o Magistério). Meu sobrinho Coutinho (o Nequinho) fora morar lá e carregara boa parte da família. Quem acabou fincando raízes lá foi somente Edmilson, o filho mais novo de minha irmã Santa.

Havia a troca de ônibus em Belo Horizonte, onde comprariam uma nova passagem rumo ao destino final. O Robson foi ao guichê e solicitou uma passagem para o ônibus das vinte horas. O atendente lhe deu passagem para o carro de reforço das vinte e trinta, já que o de oito horas estava lotado, mas se esqueceu de avisar o meu filho.

Encostou o ônibus das vinte horas, Robson tratou de colocar as bagagens e se assentaram nos lugares marcados. Pouco tempo depois, chegaram os donos dos lugares. E, com toda a arrogância, um sujeito falou com meu filho:

— Por que você está sentado no meu lugar?

Meu filho humildemente falou:

— Na minha passagem, são esses os lugares.

O outro passageiro pegou as passagens do meu filho, examinou-as e falou grosseiramente:

— Você não sabe ler? Sua passagem é vinte e trinta no ônibus extra!

Robson desceu correndo com as garotas e, juntos, aguardaram o ônibus certo.

Eu, em São Francisco, nas minhas orações, pedi mais uma vez a Deus proteção para meus filhos e fui dormir pensando neles. Já quase amanhecendo o dia, sonhei que estava viajando numa rede. A rede corria comigo numa rodovia como se fosse um carro, e eu olhava uma paisagem linda! Era uma plantação de milho muito verde, dos dois lados. Daí a pouco, Maria, uma mocinha que fazia os serviços domésticos em minha casa, bateu no punho da rede; esta parou e ela me perguntou no sonho:

— Dona Dina, a senhora *tá* passando mal?

Eu respondi:

— *Tô*, Maria, que bom você me acordar.

Quando me sentei, avistei Coutinho correndo para me alcançar com um papel na mão. Ele chegou e me falou:

— Tia Dina, trouxe esta carta que a senhora escreveu e eu não entendi nada!

Nesse momento, eu acordei e fiquei apavorada. Já era de manhã. Contei o estranho sonho ao meu marido, Altair. Ele me falou:

— Eu sonhei com o rio muito cheio, querendo me levar. Estava à beira do barranco e na medida que eu dava um passo para frente ele me acompanhava.

Levantei apavorada. Maria já estava de pé e, ao lhe contar o sonho, notei que ela estava toda desconcertada, querendo me falar uma coisa, mas sem saber se falava ou não. Ao notar sua atitude estranha, perguntei.

— Você está querendo me falar alguma coisa, Maria?

Ela toda pálida me falou:

— Quero, mas não sei se devo falar!

— Fala de uma vez, criatura!

— É que Maria de dona Casilda me chamou no muro e me falou de uma notícia no rádio. *Mais* a senhora fica calma!

— Tô calma, Maria. Pode falar!

Ele me falou que o ônibus das vinte horas sofreu um acidente com vítimas fatais e diversos hospitalizados em estado grave.

Fiquei louca! Saí doida para a porta da rua e creio que iria sair correndo desnorteada, quando meu filho Jassanã estava chegando do frigorífico onde dormia. Vendo-me transtornada, perguntou:

— O que aconteceu, mainha?

Quando falei, ele me respondeu:

— Fique tranquila! Eles estão vindo em um ônibus de outro horário que sai mais tarde.

Dei mil graças a Deus e fiquei aguardando ansiosa para abraçar os meus filhos. Chegaram salvos e contando o ocorrido.

Jassanã tomara a preocupação para si, me poupando. Ele nem fazia ideia de que haveria ônibus de reforço.

TOMA DISTRAÍDA!

Vera, casada com meu sobrinho Coutinho, sempre muito próxima e querida, é famosa na família por duas características que a tornam uma personagem caricata: é capaz de cansar qualquer criatura quando resolve "garimpar" nas lojas, buscando produtos em promoção; é distraída a ponto de esquecer o objetivo principal de algo imediato.

Certa vez, fui a Uberlândia e resolvi acompanhar Vera. Num semáforo, ao atravessar, o sinal verde para o pedestre fechou antes de terminarmos o percurso. O motorista avançou sobre nós. Corri e alcancei a calçada. Vera não foi suficientemente rápida, sendo atingida de leve. Não teve nada grave, apenas uma ligeira escoriação no braço. O motorista nem se deu ao trabalho de parar.

Cheguei a ameaçar não voltar a Uberlândia, pois um segundo atropelamento ocorreu. Disse a ela que minha ida era um atentado à vida dela. Um carro fez uma conversão rápida e fechada quando já estávamos chegando à calçada. Mais uma vez, fui ágil e safei-me. Vera, atingida nas pernas, caiu e bateu o queixo. Além do intenso sangramento, teve o joelho quebrado. O quadro foi tão sério que teve que retirar osso pélvico para enxerto. Mesmo assim, com enxerto e parafusos, a situação não melhorou. Vera teve como sequela não só um andar capenga, sujeita a quedas, mas também menos agilidade para garimpar.

Regina foi a Uberlândia enquanto Vera ainda estava com o gesso na perna.

— Que pena, Vera! Logo agora que queria um guia de *shopping*, você está travada!

— Que nada, Rege! No *shopping* tem cadeira de rodas.

Deram umas boas voltas.

Se o filme "Esqueceram de Mim" fosse uma série, Vera estaria em diversas temporadas. Uma vez, ofereceu-se para levar a sobrinha Sandra ao ponto de ônibus quando esta resolveu voltar para casa. O condomínio tinha a entrada bem distante, pois era uma área enorme com diversos sítios. Ela foi buscar o carro no fundo do condomínio e passou direto pela entrada, sem perceber que a sobrinha ficara acenando atrás.

— Tia Vera! Aqui, tia Vera!

A distraída só deu por fé quando atravessou o portão na distante entrada do condomínio. *O que é mesmo que vou fazer? Para onde estou indo?*

De outra vez, ao levar o neto para a aula de inglês, entrou no carro com a filha Telly no banco de passageiro. Ouviu a porta bater e seguiu. Ao parar para abastecer, solicitou:

— João Pedro, fique de olho na bomba de gasolina, tá?

— [...]

Na ausência de resposta, Vera olha para trás. Onde estaria João Pedro? Chegou a verificar se o danadinho teria se escondido no assoalho do carro. Só então se deu conta de que o neto ficara para trás.

Em uma feira de artesanato mensal em Uberlândia, Vera perguntou a uma moça sobre determinado produto. Ouviu a resposta:

— Eu não trabalho aqui, não.

— Ah, desculpe! É que eu vi a pochete que as feirantes usam aqui e achei que você era uma delas.

— Que pochete? Eu não estou de pochete, não, dona!

A distraída confundira a barriga da moça com uma pochete. *Toma distraída!*

TEMPO DE AVANÇO

Eu já morava na cidade de São Francisco, na época em que já existia fogão a gás, apesar de a maioria cozinhar em fogão de lenha. Ainda se via muita gente das roças próximas com feixe de lenha nos ombros ou na cabeça para vender nas ruas. Alguns poucos usavam carroças ou carros de boi para vender as madeiras. Próximo às fogueiras, vendiam toras mais grossas.

Nessa época de meados do século XX, no interior do Brasil, ainda não era permitido que mulheres casadas estudassem nem trabalhassem em certos locais. O protagonismo do mundo era dos homens. A mulher era figurante. Os maridos eram quem ditava as regras.

No dia em que vi uma atendente no Banco do Brasil, fiquei pasma. *Mulher trabalhando em banco? Fim dos tempos!* Pensei. Pouco tempo depois, vi Tiva de Sadyr dirigindo carro. *Que coisa esquisita, mulher dirigir carro!* Fiquei intrigada.

Tive que ir contra os princípios machistas de meu marido para voltar a lecionar. Pelo menos por um tempinho, fui alfabetizadora do MOBRAL. Ainda tinha que escutar muito quando ele retornava de surpresa das viagens e eu não estava em casa para servir-lhe o jantar.

O BOM SAMARITANO

Robson e Jassanã passaram a ser engraxates para ter sempre um trocadinho no bolso para as guloseimas de criançada. Robson deveria ter uns nove anos e Jassanã, sete. Nossos filhos não tinham a mamata das mesadas que muitos pais dão. Dei corda para os jovens empreendedores. Chegavam felizes que só!

Certa vez, dona Alice Caetano, mãe do doutor Oscar Caetano, muito caridosa, saiu arrecadando fundos para comprar presentes de Natal para a meninada carente. Ao chegar à minha casa, quem a atendeu foi o Robson. Ela disse que queria falar comigo e expôs o motivo. Meu filho, todo solícito, disse:

— Mainha foi pra o Lajedo, mas eu tenho dinheiro aqui, dona Alice.

Enfiou a mão no bolso e doou todo o dinheirinho arrecadado em seu trabalho. A nobre senhora não queria receber; porém, ele fez toda questão. Sentindo que iria ferir os brios do jovenzinho, caso recusasse a generosa oferta, a samaritana arreganhou um sorriso — que foi devolvido com toda satisfação — e agradeceu.

Quando ela me encontrou, relatou o ocorrido e profetizou:

— Dina, você tem um filho que toda mãe desejaria ter. Com certeza, será um adulto muito caridoso.

Ela não errou.

MUI MEDICINAL

Regina começou a empolar o corpo. Dei graças por ter comprado um sabonete medicinal especial para pele infantil e voltei a dar-lhe banho com ele. Além de não melhorar, o quadro piorou.

Depois de muito sondar sobre alimentação, contato com insetos etc., o médico pediu para dar apenas alimentos leves e naturais.

Com excesso de zelo, ao voltar para casa, dei-lhe outro caprichado banho com o saponáceo. A situação ficou tão feia que tive que correr com minha filha desmaiada de volta ao hospital.

O médico foi mais atencioso e dedicou mais tempo à sondagem. Ao perguntar sobre o uso de novos produtos, como perfume, creme e talcos, respondi:

— Não, doutor, não tem nada novo. E eu estou tomando muito cuidado, dando banho apenas com um sabonete medicinal que é feito especialmente para crianças.

— Que sabonete é esse?

— É um sabonete de lama negra que um ambulante me vendeu na porta de casa.

— Pois a senhora vai suspender imediatamente o uso dele. Use só sabão de coco. Se ela não melhorar, vamos ter que interná-la.

Dito e feito! Havia sido o danado do sabonete — *mui* medicinal! — que provocara a alergia na minha filhinha.

TEM PÃO, DONA?

Certa manhã, estávamos nos preparando para uma pescaria no rancho de Jassanã. Seria uma grande turma a zarpar de Montes Claros para São Francisco.

Levantei cedinho, coei café, fui à padaria comprar pão e, quando ia servir o desjejum, alguém bateu no portão. Saí até a garagem. Era um moço que, logo ao me avistar, falou com a cabeça coberta por um boné e o resto do rosto escondido pela parte inteiriça abaixo da grade do portão:

— Tem pão *véi* aí, dona?

Eu respondi:

— Tem não!

E ele continuou parado, me fitando. Eu pensei: *Mas que mania a gente tem! O pobre tem a humildade de pedir pão velho e, porque não tem, não dá o novo!*

— Espera aí um pouco, moço!

Peguei uma sacola e coloquei pão novo. Regina ainda me perguntou:

— Quem é, mainha?

— É um mendigo me pedindo pão velho — respondi.

Quando abri o portão para fazer a entrega, era o meu filho Robson.

O sem-vergonha, sempre com mania de fazer surpresas, só contara em segredo a Jassanã. Esperto que só, havia disfarçado a voz e ficado em posição de modo que o sol nascente ofuscasse minhas vistas.

Foi aquele alvoroço! Aquela alegria!

Depois de passada a euforia, fui refletir sobre a mania que temos de obedecer à humildade do pedinte. Que lição o meu filho, mesmo sem intenção, me ensinou! E, até hoje, quando alguém do nosso convívio encontra Robson, antes de abraçá-lo, pergunta:

— Tem pão *véi* aí, dona?!

PRECONCEITO

> Só se vê bem com o coração,
> o essencial é invisível aos olhos.
>
> (Antoine de Saint-Exupéry)

Em mais ou menos 1994, fui convidada para fazer o Encontro com Cristo para viúvas e separadas. Para minha surpresa, Dr. Pedro Mameluque e sua esposa Glorinha eram os coordenadores gerais do curso. Assim, foi um duplo encontro maravilhoso.

Havia reuniões semanais com grupos menores — geralmente escolhidos entre moradoras próximas — e mensais com todos os grupos. As semanais eram feitas em revezamento nas casas das participantes, sob a responsabilidade de uma coordenadora que conduzia a reunião.

No segundo encontro geral, fui convidada para trabalhar e ser coordenadora de um dos grupinhos. Foi um tempo muito bom, de crescimento espiritual, além de ter feito muitas amizades que também ficaram no passado.

Depois, fui convidada a participar de um curso intitulado "CAMINHO DE DAMASCO". Foi na Casa de Nazaré, indo no sábado à noite, pernoitando lá e só saindo no domingo à noite.

Fui toda bem arrumada, levando meu melhor traje domingueiro para usar durante o dia inteiro de palestras. Quando cheguei, fiquei intrigada com a recepcionista. Mal vestida, com uma sandália havaiana desgastada. Um horror para os meus olhos!

As palestras foram engrandecedoras. E, de vez em quando, via aquela mulher toda esculhambada transitando. Fiquei intrigada e incomodada com aquela presença. Pensava comigo: *Será que essa mulher não tem vergonha de ficar no meio de tanta gente bem arrumada com esses trajes?* Para minha surpresa e desconcerto, a última e melhor palestra foi a dela. A do padre Thadeu (falecido) não chegou nem aos pés. Olha que foram palestras maravilhosas! *Gente! Fala sério!* Fiquei com tanta vergonha de mim mesma que tive vontade de que o chão se abrisse me consumindo.

Comentei com minha amiga Ju, companheira de quarto durante o curso e muito amiga. Surpresa por eu não conhecer a pessoa, Ju arregalou os olhos e indagou:

— Você não conhece a Leninha, Dina?! Ela é conhecida por toda Montes Claros!

E foi me contar:

— Ela leva pra sua casa toda pessoa que encontra na rua, inclusive doidos. Nos hospitais, todos a conhecem. Tem atendimento prioritário se é uma pessoa necessitada de internamento ou consulta que chega com ela. Os filhos dela têm bons empregos em bancos e mandam roupas boas pra ela, mas todas são doadas logo que chegam. Ela não passa de três mudas de roupa, e as mais desgastadas, como as que você viu...

*Gente!!! Que vergonha eu fiquei de mi*m! E que lição de vida! Passei a ser sua fã e hoje conto até dez para julgar alguém. O preconceito veda o diálogo entre os olhos e a alma. Com ele, só se enxerga o superficial.

BAIXANDO A CRISTA DA CRISTÃ

Fui criada dentro da Igreja Católica. As missas eram celebradas em latim. Nada entendíamos. Só escutávamos aquela ladainha em latim, com um padre de costas para os ouvintes. Somente a homilia era feita em português.

Para se comungar, deveríamos estar em jejum e com um véu na cabeça. O jejum deveria ser a partir da meia-noite e só poderia ser quebrado depois de tomar água. As senhoras mais velhas costumavam levar um terço e o debulhavam durante a celebração.

Era-nos incutido um medo absurdo de pecar e sofrer as consequências da ira de Deus.

Independente das exigências, a fé estava cravada na raiz. A igreja ficava lotada de fiéis.

Dinha Vanju era uma católica fervorosa. Ia à missa todos os dias. Detestava qualquer outra religião ou igreja cristã que não fosse a católica. Qualquer protestante estaria mancomunado com o demônio. Esse preconceito foi implantado em minha cabecinha infantil na forma de medo. Eu tinha medo até de passar em frente a uma igreja que não fosse católica. Passava correndo, sem olhar.

Um dia, morando em Montes Claros, uma vizinha de frente, muito amigável, me fez o convite para ir assistir a um culto de sua igreja protestante na casa dela. Fiquei no maior sufoco, matutando uma forma de sair daquela saia justa. Comentei com minha filha

Cláudia, naquela época com dezesseis anos. Qual foi minha surpresa ao ouvir a madura resposta:

— O que é que tem de mais, mainha?! É algo a mais pra a senhora aprender. Vá lá e fique sabendo como é!

Fiquei maravilhada com os testemunhos que ouvi. Que lições! Aprendi. Humildemente, aprendi.

Aprendi que nos limitamos tanto nesta vida, que fica difícil atravessar fronteiras. Aprendi que o preconceito é trabalhado em nossa mente o tempo todo e de diversas formas.

Continuo frequentando a Igreja Católica, porém minha mente é mais livre.

FRUSTRAÇÃO

Quando Altair faleceu, foi feita a partilha dos bens. Para pagar as despesas hospitalares, meu marido já havia vendido boa parte das criações da fazenda. Dentre os bens deixados, havia uma casa simples onde morava uma de suas muitas amantes, junto com o pai e um casal de filhos daquele relacionamento.

Até então, não havia reconhecimento de paternidade para os filhos espúrios no nosso Código Civil. Havia, ironicamente, uma lei que puniria os adúlteros. Jamais vi, no nosso país, um homem preso por cometer tal crime. Reconhecer os filhos bastardos seria reconhecer um crime contra si próprio. Assim, as mulheres teriam notícias e provas do adultério, mas a sociedade era permissiva e omissa. Com isso, as mulheres sofriam horrores – caladinhas! – pois, normalmente, não tinham sua independência financeira.

O fato é que descobri essa casa e a deixei para os filhos da amante. Afinal de contas, os inocentes não tinham culpa nenhuma do desatino dos pais.

Eu tinha contato com o pai da amasiada. Certa vez, o velho me encontrou e relatou que sua filha tinha doado a neta para uma mulher de Belo Horizonte. Já o garoto era colocado para trabalhar nas roças e o dinheirinho arrecadado era para a cachaçada da mãe e do padrasto.

Catei o menino e levei-o para morar comigo em Montes Claros. Seus pertences eram a roupa do corpo, um chinelinho de borracha e outra muda de roupa gasta que viera em uma sacolinha plástica.

José Neto estava com nove anos e ainda não frequentara a escola. Não o matriculei, pois já passava do meio do ano. O moreninho era rebelde e teimoso, que só! Deu muito trabalho e birra, mas, pelo menos, acabou se acostumando comigo.

Tentei alfabetizá-lo, mas estava difícil essa proeza, pois ele relutava. Um dia, fiz o teste:

— Neto, o que prefere agora: arrumar a cozinha pra mim ou estudar um pouco?

— Ah! Eu prefiro arrumar a cozinha.

Meu filho Robson levou-o para morar em Vitória. Ficou lá uns dois anos. Como dava muito trabalho, Robson trouxe-o de volta.

Tive que levá-lo para o avô.

Há alguns anos, Neto veio a Montes Claros. Tornara-se um rapaz trabalhador e responsável. A mãe falecera e sua irmã morava na casa herdada, após comprar a parte dele.

CIDA

Muitos compadres arrebanhei entre a gente moradora dos arredores da Fazenda Lajedo. Ficava, como madrinha, me sentindo responsável por atender às necessidades de muitos afilhados. Ora era atendimento à saúde, providenciando médico ou medicamento, ora roupas e calçados.

Dois dos afilhados vieram morar comigo. Gildásio, o moreno com covinhas no rosto e sorriso maroto — vítima de um atropelamento em São Paulo quando foi morar lá com a mãe — foi um deles. Maria Aparecida, filha de Nem e Pedro Ferreira, foi a outra.

Ambos os afilhados moravam conosco em São Francisco e também vieram para Montes Claros.

Cida veio para mim ainda meninota, com uma linguagem tão sofrível quanto a minha quando atravessei a primeira ponte da vida (do Cantinho do Tejuco para Januária).

Sua conjugação verbal seguia bem a regra dos verbos regulares:

— Ô, madrinha! Eu *escurregui,* caí e *derrami* o leite!!!

A baixinha tinha muita preguiça de estudar e ler. Sua ignorância vocabular era tão típica que todos nós tínhamos que socorrê-la com sinônimos de palavras bem corriqueiras.

Lembro-me de que as meninas, Cláudia, Valéria e Regina, certa vez, fizeram-lhe uma zoação que durou dias. Uma delas citou, em determinado momento, a palavra "abundância". Cida logo indagou:

— O *qué iiss*?!

— Isso o quê?

— Essa *abundança!*

— É aquilo que você tem de fartura! Olha o que você tem de fartura nessa sua bunda! Acho que é daí que deve vir o nome. Abundância é aquilo *"abunda".*

Realmente, seu *derrière* estava bem avantajado. Uma verdadeira abundância.

O ENCANTADOR

Meu irmão Marciano era daqueles que conhecia um punhado de rezas que até lhe permitiam afastar as cobras de um lugar. Segundo ele, era capaz de hipnotizar a ponto de se fazer despercebido. Verdade ou não, disse ter usado um desses encantamentos para conseguir matar uma onça assassina.

A famigerada onça era o terror dos fazendeiros da região, pois estava acabando com suas criações. A bruta matava para fazer bonito, pois deixava o animal morto e ia buscar outra vítima. Numa noite só, matava várias cabeças de gado, porcos, cavalos, carneiros e o que mais visse pela frente. Era uma carnificina que trazia um prejuízo enorme. Morava do outro lado do rio, mas atravessava-o a nado para derramar mais sangue.

O homem escolhido e contratado pelos fazendeiros para exterminar a fera foi Marciano. Ciano já era conhecido por ser encantador de bichos, bom atirador e caçador experiente.

Meu marido, por alguns dias, acompanhou-o à caça do animal, mas viu que a missão seria demorada e muito difícil. Além disso, discordou do planejamento do cunhado. Desistiu. Meu marido era um homem metido a valente, mas não tinha um pingo da paciência exigida para aquela empreitada.

O encantador rastreou a bicha e, segundo ele, fez suas rezas e encantamentos.

O couro dessa onça ficou muito tempo exposto em São Francisco para visitação. Ele ganhou muitas cabeças de gado dos fazendeiros da região.

Não tive apenas notícias da famosa e temida fera. Ajudei a consumi-la. Foi a única carne de onça que comi.

CAÇADOR, BIÓLOGO OU ENGENHEIRO?

Ciano era, por formação, uma pessoa quase analfabeta, mas de muita inteligência. Era desenvolto na arte da comunicação, apesar de apunhalar sem dó a casta língua materna. Tinha um conhecimento profundo da fauna e da flora do Sertão das Gerais. Guimarães Rosa o tomaria como um típico personagem de suas narrativas se o tivesse conhecido. *Ah, sim! Teria sim, leitor!*

Havia um professor em São Francisco que era muito amigo do Marciano e sabia das suas habilidades. O professor o convidava para explicar aos seus alunos sobre o habitat natural dos animais silvestres, como viviam e sobreviviam na floresta, qual era a alimentação de cada espécie, etc. E ele explicava com toda propriedade. Os alunos ficavam encantados com ele. Quando o encontravam na rua, falavam:

— Ei, professor! Que dia vai lá de novo?

Ele ria orgulhoso e perguntava:

— *Ôceisgostaro?*

Ele foi topógrafo em São Francisco na época em que o Doutor Oscar era prefeito. Conhecedor daquelas bandas, de cada canto e recanto, mapeou o município a pedido do amigo político que o respeitava e admirava por suas habilidades.

Justamente por conhecer as terras e as gentes daquelas bandas, foi convidado para trabalhar na RURAL MINAS. Na obra de uma ponte, ele discordou do engenheiro. O graduado não deu trela ao matuto. Fez do jeito dele. Deu ruim! O jovem doutor teve que refazer o serviço usando o capiau Marciano como consultor.

A história vazou e Ciano não sabia como chegou ao conhecimento do chefe geral de Belo Horizonte. Só sabia que fora convocado a comparecer na capital mineira. Lá, pessoalmente, recebeu o encargo de engenheiro, ganhando pelo cargo de topógrafo.

VISITA DA CUNHADA RISOLETA

Numa certa ocasião, minha cunhada — única irmã de Altair — veio do Rio de Janeiro com o marido, Bone, nos visitar. Eu já morava em Montes Claros e Altair já havia falecido.

Saímos os três à noite e estávamos sendo servidos em um restaurante. Avistei, junto à porta de entrada, uma criança nos espiando. O garoto não tirava os olhos de mim. Eu me vi naquele menininho espiando pão da padaria do Seu Toninho Correia. Fitei os olhos nele e, com isso, ele criou coragem e veio à mesa me pedir. Lembrei-me de que a garota em mim não teve coragem nem humildade para essa iniciativa. Gentilmente, enchi um guardanapo de salgadinhos e dei para ele. Ele ainda me agradecia quando ouvi a minha cunhada reclamar grosseiramente:

— Que falta de etiqueta, Dina!

A indignada cunhada chamou o garçom, acertou a conta, levantou-se e saiu grosseiramente. O marido acompanhou-a. Toda acabrunhada com a cena, ainda na rua, ouvi um sermão mais descabido. Eu não disse nada. Só meus botões escutaram: *ela nunca soube o que é passar vontade de comer algo que não está ao seu alcance!*

O marido ficou muito contrariado com aquela atitude grosseira e me pediu desculpas — longe dela.

BOA PRA CACHORRO

Fátima, no humor, puxou à mãe, Isabel, pois faz piada o tempo todo. Do pai, meu irmão Anísio, herdou o amor por cachorros.

Essa sobrinha não pode ver um cachorro abandonado que o leva para casa. Quando visita alguém e vê uma cadela parida, pede uma cria. Trata todos os cães como filhos.

Um dia, cheguei lá e vi um cachorrinho que só tinha três patas. Fiquei compadecida e falei:

— Que pena, Fátima! O *bichim* é aleijado!

Ela o colocou no colo, dando umas ligeiras sacudidas no cachorro, e respondeu como se fosse o animalzinho:

— Não, tia! Eu sou é deficiente!

O interessante é que todos têm madrinha.

O deficiente era o Pitoco, afilhado bem protegido de uma prima minha. Dessas criaturas apaixonadas por cães, a madrinha mandava sempre um presente de São Paulo, acompanhado de uma cartinha com recomendação! (É mole! Pitoco não era fraco, não!) Ora um brinquedo, ora uma camisa.

Desplante era ouvir o carteiro, já conhecedor do nobre residente:

— Senhor Pitoco! Carta pra você!

Fátima não perdia a oportunidade de tripudiar:

— *Cês* tão vendo, filhas?! Quem tem madrinha boa é Pitoco!

OBRA QUE EMPATA CASÓRIO

Sá Umbilina, prima, irmã da minha cunhada Izabel, era muito caridosa e despachada. Tanto ajudava com donativos, como fazia os partos de graça da mulherada da roça. Se a criança nascida não tivesse nada para embrulhar, Umbelina não se fazia de rogada. Levantava a saia comprida, arrancava a anágua e a rasgava. Fazia ali os panos com os quais embrulhava o recém-nascido.

Lembre-se leitor: não *era de praxe usar calcinha e o banho habitual era uma vez na semana. A criança havia de acostumar cedo com o cheirinho de bacalhau!*

Na casa dela, morava uma moça que namorava um rapaz muito acanhado. O moço chegava todo sem jeito e namorava de longe.

Um dia, ele saiu de lá aperreado, com o intestino dando ponto de se soltar. Após umas boas passadas, ali mesmo, próximo ao caminho, arriou as calças, agachou-se e mandou ver.

Umbelina, não sei pra que bandas andava, passou pelo mesmo caminho e deparou com o pobre do rapaz fazendo o serviço. E como, para ela, era tudo comum e assunto de conversa, soltou o verbo:

— *Cagano,* heim, Chicão?!!

A triste criatura amarela, em plena realização da obra, não teve nem como se mexer. Ouviu-se uma trêmula resposta:

— Éh, Sá Umbilina...

E o que aconteceu com o rapaz, meu leitor?!

Ninguém sabe, ninguém viu. A partir daí, nunca mais apareceu por aquelas bandas. O casamento *foi prascucuias.*

MANCHETE

Minha irmã Faustina foi passar uns dias no apartamento de Glória. Ao resolver estender a estadia, teve que lavar algumas peças de roupa, pois levara poucas. A varanda do que ela chamava de "apertamento" era tão pequena que o único lugar que encontrou para colocar a bacia de alumínio com as peças de roupa foi a quina da grade de proteção da área.

Já na última calcinha, virou-se e abaixou para pegar mais um prendedor. Ao voltar-se, a bacia havia sumido. O vento a levara a perder de vista.

Chateada, teve que explicar à filha a perda do vasilhame.

No dia seguinte, Faustina deparou-se com a seguinte manchete no jornal: "OVNI avistado na capital paulista".

— Aí, Glória, tá vendo? Foi a sua bacia! Tenho certeza de que foi sua bacia!

BEM-VINDO AO MODO MOREIRA

Quando estava ajudando em seu restaurante e lanchonete na Avenida Marechal Campos em Vitória, Espírito Santo, presenciei meu irmão recepcionando um pedinte.

Um sujeito por volta dos quarenta anos, muito mal trajado, pediu um auxílio.

Meu irmão saiu de trás do balcão, colocou a mão sobre o ombro maltrapilho e o conduziu a uma das mesas. Pediu a uma funcionária para servir um lanche reforçado. Sentou-se ali também e, por uns bons quarenta minutos, esqueceu-se do movimento contínuo da lanchonete. E, olho no olho, ouviu o ser humano que estava diante dele.

Em seu relato, o pedinte apresentou-se como alguém que, depois de um bom tempo encarcerado, havia sido absolvido pela justiça, mas condenado pela sociedade que lhe fechara as portas. Nenhuma chance de trabalho digno lhe fora apresentada.

Moreira, com aquela maneira especial, típica dele, com toda a delicadeza, sem pressa, deu tanto incentivo para aquele desconhecido que tenho certeza de que, se marginal fosse, sairia dali um novo homem. Tenho certeza absoluta disso.

MEXE COM MINEIRO, NÃO, SÔ!

No sítio em Januária, a "famiage" costumava se reunir no mês de julho. Era moreirada saindo pelo ladrão. Os parentes de Januária corriam para se reunir com os de fora. A diversão era certa, especialmente para os jovens que viviam naquela cidade pacata.

Num desses encontros, Carlúcio, rapazote saindo dos cueiros, neto de minha irmã Maria Guedes, ainda com jeitinho acanhado tipicamente interiorano, juntamente com outros jovens do clã januarense, admirava as novidades e as muitas histórias em volta da família que tinha chegado de diversas outras localidades mineiras, de São Paulo, Goiás, Mato Grosso do Sul e Espírito Santo.

A turma de São Paulo trouxera um nativo paulista. O amigo turista cismou em tirar sarro dos catrumanos mineiros.

A zoação comeu solta debaixo do pé de umbu mais próximo da varanda:

— Vocês são mineiros ou baianos?

E mais:

— São mineiros ou baianos caçados?

Se os januarenses eram muito bestas ou se já haviam treinado demais o jeito receptivo e pacato do povo mineiro, não se sabe. Fato é que os anfitriões estavam engolindo, mudos, os desaforos.

Assuntando na conversa, esticadinho qual fio de eletricidade, estava o Moreira, sentado numa cadeira de corda na varanda. Levantou-se o super tio, sungou a bermuda que cismava em escorregar a perfeita engenharia divina em forma de rotundo barril. Aproximou-se manso da molecada, mirou fundo nos olhos do paulista e disparou:

— Moço, você sabe a disputa do paulista com o mineiro?

O paulista falou:

— Eu não sei não, Seu Manoel.

— Então vou contar *procê*. Tinha um paulista, um repentista, muito bom de viola, tocador, muito famoso lá em São Paulo. Ele veio pra Minas e trouxe a viola dele. Pois o bicho era bom *dimaaais!* Impressionava quando cantava e tocava a danada da viola. Ele achou um mineirinho com uma violinha velha, faltando cordas. Ele chegou *pro* mineirinho e disse:

"Oh, mineiro! Vamos trocar uns versos de repente? Você manda uns versos pra mim e eu mando uns versos pra você. Vamos fazer uma disputa aqui?"

— O mineirinho olhou pro paulista, coçou a moleira e falou:

"Uai, então *vamo*, né?!"

— O paulista desafiou:

"Então começa aí, mineiro!"

— Mineiro que é mineiro *bão* mesmo, *negaceia* — observou o Manoel:

"Não! Ocê chamou, então ocê começa!"

— O paulista mandou o dedo na viola bonita, deu serelepe ali na viola e cantou:

"O mineiro é bom repente, mas não era como eu. Quero ver o mineirinho, seis *vez* falar o nome meu". Isso soltou um Moreira com guela e ritmo de bom violeiro.

— Aí o mineirinho baixou a cabeça, virou *pro* lado ali meio sem jeito e, na viola estremecida, mandou bala de lá pra cá:

"O paulista é bom repente, o paulista é amigo meu. O paulista é bom repente, o paulista é amigo meu. Eu como o 'toba' do paulista, mas o paulista não come o meu!"

— Rapaz, o violeiro paulista aprendeu que não se mexe com mineiro, não! Sem gracinha, *pois* a viola do saco e *pirulitou* — encerrou Moreira.

Naquele momento, tendo um super tio defensor, Carlúcio exibiu um sorriso que era de pura traquinagem e empoderamento.

BOAS FÉRIAS

Quando moravam em São Paulo, Moço e Sílvio vinham nas férias, passavam em nossa fazenda Lajedo, bem como em São Francisco e em Januária. Isso acontecia todo ano, e sem pressa de voltar. Davam uma volta danada, tudo em estrada sem asfalto, só para estar conosco.

Quando Moço passou a morar em Vitória/ES, era a mesma coisa. Não havia nada difícil para ele. E o riso corria solto com os causos.

Silvio e Moreira sempre tiveram algo em comum: são pessoas que gostam de agregar. Sempre gostaram de fazer novos laços de amizade, mas, principalmente, buscaram reunir a família.

Mais adiante, passamos a nos reunir em Januária, no mês de julho. Ficávamos em festa e cantoria naquela gostosura durante o mês inteiro.

Íamos à fazenda do irmão Moço e do sobrinho Silvio no Tejuco, de onde meu sobrinho Valter tomava conta. A *famiage* toda zarpava em velhos ônibus fretados, carros de passeio e caminhonetes. Quem gostava de cantoria e batucada disputava no palitinho um lugar no ônibus. Lugar cativo só dos tocadores de violão! Edelvita, Edson e Edmilson, todos de minha irmã Santa, estavam garantidos.

Além das modas de viola, havia também a hora das poesias. Dinha Vanju recitava — como ninguém — poesias imensas. Sílvia de Valdó também era boa nisso.

Debulhávamos as piadas verídicas da família. Nana e Coutinho, ambos filhos de Santa, eram infinitamente bons nisso. A capacidade de nos soltar o riso era a marca registrada de Coutinho. De momentos sérios, ele extraía de nós, qual leite de pedra, a desbragada gargalhada. A nossa inesquecível comadre Isabel era também muito divertida e tinha a língua solta e sem censura.

SABEDORIA DE UM PAI

Saímos de Vitória, Espírito Santo: eu, Moreira, minha cunhada Alaydir e seu caçula, o Rafael, rumo a Montes Claros e, na sequência, Januária, nossa praia de água doce. Delícia das Minas Gerais!

O garoto, por volta de três anos de idade, estava com uma gripe brava, tossindo muito. Na primeira parada, acostumado a ter suas mínimas vontades atendidas, o garoto nem pensou duas vezes:

— Paizinho, eu quero um picolé.

— *Tá* bom, meu filho! — se prontificou imediatamente o súdito.

— Como você está muito gripado, não pode ser do picolé gelado.

Dirigindo-se ao atendente do balcão, já piscou e, com toda a seriedade exigida pelo momento, indagou:

— Você tem picolé quente?

Captou a gravidade, o sábio guru:

— Hoje não temos, não, senhor. Só temos do gelado.

Fazendo cara de extrema consternação, o pai diplomata se pronunciou:

— Que pena, filho! Do gelado você não pode! Escolhe outra coisa!

— Então, eu quero coxinha!

Chororô evitado, prosseguimos viagem.

OUTRAS VIAGENS

Normalmente, não se espera que de uma caminhonete, último modelo, novinha em folha, saia um farofeiro. Foi exatamente o que desceu na próxima parada.

Não se deixe distrair, leitor! Estou falando dele mesmo! Do meu irmão Moreira!

Munido de uma lata de farofa de galo, sacou uma coxa gigantesca. E, não sendo suficiente se regalar com a farta carne, resolveu chupar o tutano. Não se fez de rogado: desembainhou da carroceria um facão que levava para embrenhar-se no mato e tascou-lhe no fêmur galináceo.

Naquele momento, o movimento era intenso. Acabara de chegar um ônibus, cujos passageiros desciam aos borbotões. Os transeuntes viram aquela façanha executada contra uma das pilastras do restaurante. Uns arregalaram os olhos, outros riram, e alguns disfarçaram o sorriso ou o cochicho ao *pé da orelha* de alguém.

Com uma cara de sonso, gentil e descaradamente, o desprovido de pudor oferecia:

— Vamos comer farofa de galo e chupar um ossinho, companheiro?

Certa vez, entrou na rodoviária de Vitória sem camisa, exibindo a pança que não negava o hábito da cervejinha com muito tira-gosto. Não foi uma mera entrada; foi uma estreia para espectador nenhum botar defeito! A criatura entrou cantando e dançando! Não tenho nenhuma notícia de alguém que não tenha olhado ou que tenha exibido cara sisuda. O riso saiu aos borbotões.

Na fazenda da sobrinha Glória, esse mesmo dançarino encarnou John Travolta com a corajosa esposa, Alaidyr. Sob efeito da cachaça com murici, de sabor tão delicado quanto um licor, estrebuchou tanto que, junto à parceira, foi parar no chão. Só no dia seguinte vimos o estrago feito às pernas da estoica dançarina que foi parar debaixo do sofá. Quanto riso colhemos daquele dia!

Nas terras do sobrinho Sílvio, às margens do rio Cochá, no município de Montalvânia, durante uma visita, Moreirão deparou-se com uma boa quantidade de água caindo da caixa d'água, formando um laguinho onde os patos se esbaldavam. O homem não se fez de rogado, pois, acalorado como estava, "nadou" com os amigos plumados, fazendo um lamaçal doido.

Quando comprou um sítio no Espírito Santo, meu irmão criou porcos e galinhas, além de plantar muitas hortaliças. Volta e meia, pegava peixes já velhos e os cozinhava com as enormes abóboras que tinha prazer em colher. Cozido feito, fazia um prato para si, servia os suínos no cocho e fazia-lhes companhia, sem poupar elogios à sua comida.

— Tá gostoso, *né, us minino*?

Sua fama de comer e beber sem medida não era à toa. Certa vez, junto à tropa parentesca, arrancou do prato de salada uma folha de alface e mirou a hortaliça com olhos sofridos. Levou a mão para devolver, mas trouxe a mão de novo para junto de si. Abriu a boca, não para devorar o petisco, mas para lamentar:

— É!... Num cabe!!!

Essa criatura comia de tudo como tira-gosto da cachaça: bolo, doce, rapadura, carne de sol, carne de qualquer bicho... Já o vi, em seu apartamento de Vitória, abrir um garrafão de cachaça e partir uma jaca, deixando ambos sobre a mesa da copa. Ia e vinha, dando uma talagada da *marvada* e catando um gomo da fruta. Não deve ser indigesto, pois, depois de meiar a jaca e baixar o líquido do garrafão para pelo menos um terço, o sujeito regalou-se com um farto almoço.

As melhores viagens são aquelas em que nos perdemos nas lembranças, sem amargor; as que nos deixam com um riso nos lábios e na alma.

Divirta-se, São Pedro! É sentar e ver Moreira fazer e acontecer! Fico aqui com uma pontinha de inveja.

PARADA OBRIGATÓRIA

Meu irmão Marciano, depois de deixar o Riacho, morou em São Francisco com Rodolfina, sua primeira esposa, e seus seis filhos.

A minha cunhada estava com o Mal de Chagas e sofria muito com a doença. Seu coração resolveu seguir, literalmente, a grandeza de sua bondade e quase não lhe cabia no peito. Sua aflição nos deixava a todos consternados. Deixou boa parte dos filhos ainda bem jovens.

Marciano jamais perdeu o encanto de jovem namorador. Não conseguia ver um rabo de saia sem virar a cabeça. Numa dessas vezes, estava pedalando a bicicleta em frente à prefeitura de São Francisco quando uma saia remexeu à sua frente. Seu olhar, qual touro instigado pela capa, acompanhou o remelexo. Virou o pescoço, distraído da vida, até beijar um poste que se atreveu a proibir-lhe os lascivos pensamentos.

Após a perda de Rodolfina, Marciano ainda se casou mais duas vezes.

O próximo casamento foi um verdadeiro fiasco. Uma vez separado, encontrou e encantou-se por Rosina, uma companheira jovem e amorosa que lhe apaziguou o fogo até que seu rosto se vincasse com as últimas rugas.

Ciano recebeu dos filhos e netos uma linda homenagem no seu centenário. Foi um encontro de alegria entre inúmeros parentes. Diversos, vindos de São Paulo, Espírito Santo e Mato Grosso do Sul, desceram no aeroporto de Montes Claros e juntaram-se a outros em Januária. Num ônibus fretado, rumaram areia afora para Chapada Gaúcha.

Vivemos ali um dos fugazes momentos de alegria entre a *Moreirada*. Curtimos — entre risos, cantorias, abraços e histórias revividas — aquela mente sagaz e lúcida. Seu corpo cansado ainda dava conta de dar umas poucas pedaladas em sua bicicleta de três rodas, que ganhou em substituição à de duas, após as quedas provocadas pela labirintite. Embora sem muita energia, ainda caminhava com a ajuda de uma bengala para firmar-lhe as pernas.

A mente sagaz era capaz de perguntar a cada um dos presentes sobre todos os seus parentes mais próximos que não foram ao seu aniversário: *Cadê seu filho Fulano, por que* não veio? *Seu marido tal ficou trabalhando, Beltrana? Sua filha mais nova casou com o Cicrano?*

Seus *causos* ainda que floreados com pormenores só lembrados pelas mentes brilhantes eram recheados de "pérolas" que mutilavam a velha Língua Portuguesa: "*assei um pernis*"; "*o homem apeou do moto e pegou um fuscovéi*"; "*tratei de olhar logo onde estava a porta de energência no avião*"; "*Uai, a viagem foi rápida demais! Malemá o avião aterrissou, nem deu tempo de terminar o suco que a aeromoça serviu, o avião já decolou em Vitória!*"*(Trocando aí o momento de decolagem e pouso).*

Certo dia, após um delicioso banho, meu irmão chamou calmamente a esposa, Rosina, para rezar com ele o Pai Nosso e uma Ave Maria antes de dormir. Segurou firmemente sua mão e, ao concluir as orações, ainda de olhos abertos, foi soltando lentamente a mão da companheira, indo para os braços do Pai. Foi a última vez que respirou as consoantes sagradas de seu Nome.

Apenas um mês depois de perder nosso irmão Moço, lá se foi o nosso prodígio. O coração de Ciano, na beiradinha dos cento e dois anos, sem forças, dá pane em seu último voo e, ao perceber que desta vez não há porta de emergência, faz sua parada obrigatória.

JOACA

Meu irmão Joaquim, o Joaca, era uma boa pessoa, mas um tanto quanto limitado no raciocínio. Enquanto Marciano tinha as rédeas de um universo imenso na cabeça, Joaca viajava entre nuvens, dando a forma que queria a elas.

Seu jeito *avoado* e simplório tornou-o o lendário *tiozão*.

A maioria das famílias tem o tiozão que conta as mesmas piadas sem graça: "É pavê ou *pacomê?!*", "É só pudim? E *pamim?!*"; que sempre confunde as datas; que sempre comete uma gafe.

Fala sério, leitor! Você tem ou não tem um parente desses?

O Encontro da Moreirada sem Joaca não seria fechado com chave de ouro. Digo isso porque o riso nunca faltou, mas com ele era sempre mais divertido. Sempre sobrava uma lembrança marcante para se rir nos próximos capítulos. Os bordões surgiam aos borbotões com ele.

O inocente, certa vez, perguntou à sobrinha Nana — uma hilária criatura, sem censura na língua:

— Ô, Nana! Será se ligar um ventilador na lua ele funciona?

— Funciona, tio Joaca! É só ligar a tomada no cu de São Pedro!

Ao norte do Espírito Santo, há uma linda, translúcida e imensa lagoa onde moram amigos que se tornaram uma segunda família para meu filho mais velho. Zezé, filha dos donos da fazenda, era vizinha do Robson e são até hoje como irmãos. Ela o levou ao seio de sua família. Um pessoal tão bacana que acabou recepcionando uma boa leva da moreirada em certo Natal. Além da piscicultura, exploram a agricultura com o café e o rodízio de outros plantios. Naquele momento, o papaia era a bola da vez. As frutas perfeitas, sem nenhuma marca, ranhura ou amassado, eram embaladas uma a uma e colocadas em caixas para exportação. Sobrava uma imensidão de frutas que não passavam no controle de qualidade simplesmente por uma marquinha escura na casca. Os donos da casa empilharam diversas caixas das frutas rejeitadas na área para o consumo da casa. Nosso já conhecido Joaca passou pelas dezenas de caixas do refugo, foi à cozinha e perguntou para a matriarca da família:

— Dona Leia, será se eu posso comer um mamão?

A dona da casa, confusa, indagou-se se o sujeito tinha algum problema de saúde que poderia limitar o consumo daquele alimento. Quando caiu a ficha, fez o convidado sentir-se em casa:

— Pode, Seu Joaquim! Pode comer o tanto que o senhor aguentar!

Em certo momento alguém resolveu zoar com a cara dele ao vê-lo carregar no ombro uma enorme melancia:

— Onde é que o senhor está indo com essa abóbora, tio?

— Que *broba*?! Num *tá veno qui* é *melencia*?!

Não é erro de grafia, não leitor! Dizia M-E-L-E-N-C-I-A mesmo!

Quando casou-se um dos filhos de Santa, a noiva ficou encantada com a colcha que o tio Joaquim levara para uma das sobrinhas que fazia aniversário. Pensou: *Se ela, que é a aniversariante, ganhou essa colcha linda, imagino que o meu presente deve ser maravilhoso!*

Ah, sagaz leitor! A essa altura já deve saber que não vem nada bom aí.

Uma noiva decepcionada desfez o embrulho do seu presente: era um corte ordinário de tecido para a confecção de uma blusa.

Juízo truncado ou presente trocado, leitor?! Vai saber!...

O mestre dos presentes levou uma senhora pistola azul ao filho recém-nascido da sobrinha, para quem dera como presente de casamento um bibelô de porcelana em formato de pimentão vermelho, grudado em um pires.

Lindo, Joaca! Talvez tenha nascido aí a expressão "lindo de morrer!" Nesse caso, a expressão faz sentido!

Joaquim era muito vaidoso. Tinha o cuidado de pintar ele mesmo, sempre longe das vistas de todos, o cabelo e o bigode. Preto tinindo! Fez esse ritual no dia seguinte ao que fez a cirurgia de catarata! A cirurgia não ficou muito boa, não! Só não sei afirmar se foi por consequência da tintura no cabelo. Ele só deixou de tingir quando o juízo, invadido pelo mal de Alzheimer, não deu conta de processar mais nada.

Se ele gostasse de uma camisa, já pedia ao vendedor:

— Separe duas de cada cor!

Não sei se por vaidade ou parvoíce — acredito que esta última — meu querido irmão distribuiu como presente de Natal aos parentes reunidos uma camiseta onde mandou *silkar* sua foto em um tamanho que não causasse nenhuma dificuldade aos míopes.

Quando fez cirurgia na próstata, em Uberlândia, o hospital convocou Coutinho e a esposa, Vera, com urgência. Era para tirá-lo imediatamente do hospital, pois não havia quem o vigiasse em tempo integral. O paciente não se limitava ao leito, quarto ou ala; incomodava a todos os pacientes e enfermeiros. Até da sala de necropsia tiveram que retirá-lo.

Pois bem. Levaram-no do hospital para casa. A anfitriã Vera foi acudir-lhe em um dos seus chamados:

— Vera, como é que eu faço pra tirar essa cueca?

A samba-canção estava dependurada na mangueira do soro. Os bagos, sim, esses estavam soltos.

TREM DE PARTIDA

> Há uma nuvem de lágrimas sobre meus olhos/
> dizendo pra mim que você foi embora...
>
> (Chitãozinho & Xororó)

Muito sacudi meu lenço branco nos últimos tempos. Alguns trens partiram levando preciosos tesouros que me foram emprestados nesta vida.

Dentre as primeiras levas, a covid-19 recolheu em seu vagão o meu irmão Manoel Moreira, o Moço. As regras de distanciamento estavam tão rígidas que não houve velório. Reunimo-nos em oração via *Meet*. Foi simplesmente assim: despedidas pela Internet, feitas sem aconchego, sem abraços ou batidinhas nos ombros.

A esposa de Moço, Alaidyr, também foi contaminada e ficou internada em estado crítico. Como não tinha passagem reservada, vestiu-se de saudade e ficou na estação, lambendo as lágrimas.

Nas últimas levas, a pandemia arrebatou o irmão Joãozinho, uma das derradeiras pérolas deixadas por meu pai no segundo casamento. Levou-o, um professor universitário ainda nem sexagenário, do seio dessa família tão longeva, para os trilhos do infinito.

Coutinho, mais irmão que sobrinho, filho de minha irmã e comadre Santa, já há um tempo adoentado e sugado da sua veia de alegria, também partiu nesse tempo sem que se carpisse e homenageasse nossos entes de maneira presencial. Mais uma vez, despedimo-nos sem um último beijo na testa e recomendações para os que fossem recebê-lo na estação de parada.

Houve um vagão especial em formato de gaiola. Levado nele, tal qual um passarinho, foi-se Marciano, o irmão Ciano, que às vésperas dos 102 anos teve o coração amiudado e cansado de tanto voo. Contaram-nos que na pequena cidade em que viveu não se respeitaram muito as regras de distanciamento impostas pela vigilância sanitária. Muito, muito mais de quarenta pessoas desfilaram em procissão rumo ao derradeiro leito coberto de flores.

Mais recentemente, meu meio-irmão Osvaldo também embarcou nesse trem pra nunca mais. Ele, que tantas vezes driblara a *Senhora Ceifadora*, de quem parecia ser amante muito próximo, pois já sofrera inúmeros acidentes de moto. Que nem um felino, sete vidas lhe foram arrancadas antes do embarque.

Uma rosa foi arrancada do nosso jardim. A nossa Rosa, minha sobrinha, filha de minha irmã Faustina, tinha complicações no coração. Sentiremos sempre saudade de escutar sua voz nas cantorias da moreirada e jamais teremos outro registro de imagem feito por ela com sua inseparável câmera fotográfica.

Do mesmo modo, partiu a minha sobrinha Lia. Neste mundo, ela não poderá apresentar-me nenhuma outra modernidade.

PARTE DOIS

ENTRE A JOVEM E A VELHA GUARDA

Cláudia S. Cordeiro

CHUÁ

Sei que, na maioria das grandes famílias, há um parente que destoa dos demais. Tio Joaquim, o tio Juaca (*Ju-a-ca, não, leitor! Jua-ca! Isso, J'uaca!*), era essa figura. Era realmente uma figura! Era comprido, magro, com voz ligeiramente anasalada e aguda, e seu bigode tingido de preto graúna até quase o final de sua vida.

Muitas são as hilárias histórias que envolvem o tio Juaca.

Sabe aquela pessoa que nos faz perguntas óbvias e esperamos um desenrolar diferente, mas esse não vem? Tipo assim:

— Esse filtro esvazia?

— Claro, tio Juaca!

— Então esvaziôôô...

Por anos seguidos, trabalhou em uma fábrica de borracha, dessas de material escolar. Depois de suas visitas, tínhamos sucesso garantido na escola. Trazia-nos borrachas inusitadas, com cores e formatos diferentes. Já nos presenteou com uma representante de Itu: enooooorme!

O suprassumo dos presentes foram as gargalhadas doadas no meu aniversário de quinze anos. Colhemos desse regalo até hoje quando relembramos as *passadagens* com tio Juaca.

Recebemos inúmeros parentes em nossa modesta casa em Montes Claros. Por ser época de chuva, meu pai resolveu ampliar a área para refeições, estendendo uma dessas malfadadas lonas. Emendamos o meu aniversário com o Natal, já que ficam próximos. Após dias de festança, começou o bota-fora. Tio Juaca foi um dos primeiros a zarpar. Minha mãe despachou-lhe o almoço mais cedo para que ele viajasse fornido. Todo emperiquitado e perfumado, estava o tio em meados da *serra* de comida que lhe foi servida.

Pensa que não, despencou um cantinho só da lona. Foi bem naquela beiradinha onde estava o sujeito. CHUÁÁÁ!!! Não houve quem não risse do quase afogamento. O indignado, ensopado, guloso que era, ainda ousou perguntar à minha mãe:

— Diiiina, será se dá tempo trocar de roupa e ainda almoçar?

Numa das visitas de tio Juaca em Montes Claros, o danado subiu numa mangueira do quintal e começou a catar os frutos maduros. De lá esguelou:

— Dina, vem ver onde estou! Tô igual um menino trepado no pau!

Eu estava mais próxima, lavando roupas na área de serviços que ficava no barracão ao fundo da casa. Era dessas construções com telhão de amianto, com dois quartos, banheiro e área de serviço. O quintal ficava atrás dessa construção, com uma mangueira, um abacateiro e um cajazeiro fazendo-lhe sombra (o que amenizava bastante o calor). Quando cismei de olhar o travesso, encontrei-o já em cima do telhado.

— *Ti* Juaca! Desce daí! Esse telhado não aguenta peso! — gritei.

Mal havia gritado, ouviu-se o barulho das telhas quebrando. Minha mãe chegou correndo para acudir. Dentro de um dos quartos, um tio amarelo com canelas esfoladas.

Salvo por um guarda-roupinha ordinário, o "menino" atentado teve apenas escoriações.

RATO DE BIBLIOTECA

Desde que me entendo por gente que decifra as letras, passei a roer livros. Talvez, se eu deixar de lado a moderação e a modéstia, possa dizer que aprendi a devorar livros.

Minha curiosidade por esse mundo que ativa as engrenagens da imaginação foi despertada por minha mãe. Ela lia os livros e recontava as histórias. Às vezes, lia em voz alta alguns trechos mais interessantes, especialmente os mais engraçados. Os que envolviam a boneca Emília, do *Sítio do Picapau Amarelo* – criação de Monteiro Lobato – formaram minha trilha de luz para a Biblioteca Municipal de São Francisco. Ali, fiz minha ficha e passei a ser freguesa assídua. Não era raro eu pegar um livro de manhã, engoli-lo sem tomar fôlego, devolvê-lo e rastrear outro para me fazer companhia à noite.

Eu e minha irmã Regina dividíamos um quarto. Enquanto ela dormia a sono solto, eu comia livros.

Volta e meia, lá pela madrugada, a bexiga da minha mãe a obrigava a levantar-se. Flagrante dado, nenhuma desculpa era aceita:

— Menina! Vai dormir! Daqui a pouco você tem aula! Ai de você se eu voltar aqui e essa luz *tiver* acesa!

Muitos minutos da minha insônia recorrente eram gastos sem leitura. Passado um tempo, pé ante pé, eu ia fechar a porta com cuidado, acender a luz e colocar um pano na fresta inferior para que nenhuma luminosidade escapasse para o mundo de lá.

Cá dentro, meu mundo girava e abria outras portas.

Enquanto isso, minha irmã Rege dormia. Ô menininha boa de sono!

O DOCE

Era quase um ritual passarmos as férias de janeiro no Lajedo. Como é período chuvoso, a chamada invernada por essas bandas do cerrado, quase fronteira com o semiárido, às vezes passávamos longos dias sem sair da casa de fazenda, bem mais ampla que a da cidade, mas, ainda assim, território limitado.

Eu e minha irmã Regina nos distraíamos com as bruxas de pano feitas por dona Matilde, boizinhos feitos com maxixe ou melão-de-são-caetano e panelinhas toscas de barro. Boneca da indústria era rara; normalmente, ganhávamos daquelas miúdas de plástico duro.

Nos dias de sol, tínhamos mais liberdade. Podíamos, então, pescar, tomar leite cru no curral, catar frutos silvestres, correr e zanzar à toa.

Entre dezembro e janeiro, quando a mata, dantes cinzenta, brotava o verde com toda a força de recuperação típica do cerrado, os frutos eram fartos: pequi, jenipapo, pinhas e umbu...

Não sei de que época do ano são, mas havia também na fazenda cagaita, buriti, ata, araticum (para nós, ribeirinhos, cabeça de nego; para os montesclarenses, panã), maracujá do mato, murici, baru, jatobá, dentre outros.

Nas andanças pelo mato, encontrei uma pinha com uma cor vívida. Era de uma tonalidade alaranjada bem intensa. Só havia um fruto. Foi o único dessa espécie que saboreei na vida. Nunca mais o encontrei, nem tive notícia de que alguém o tivesse visto. Como temos o recurso hoje do "Dr." GOOGLE, fiquei sabendo que a espécie é rara na natureza. Chama-se *Annona spinescens*.

Certa vez, meu pai convocou todos nós para catar umbu. Prometeu fazer um doce de corte — de aparência semelhante a uma marmelada. Saímos todos com muito empenho na empreitada.

Participamos do processo de preparação. Depois de cozidos e frios, com os frutos já moles, ajudamos a passá-los numa peneira, separando a polpa dos caroços. Em seguida, foram levados ao fogo com açúcar. As crianças não meteram a mão nessa última etapa, pois seria uma empreitada para adultos.

Salivamos muito com o cheiro da umbuzada preparada no fogão à lenha. O doce pronto foi colocado nos moldes de rapadura. Dois belos tijolos daquela maravilha nos enchiam os olhos. A ansiedade de saboreá-los era aguda. Assim que foram retirados da forma, ficamos sabendo que nenhum seria partido ainda. Um seria para comermos só quando a tia Risoleta, irmã do meu pai, chegasse do Rio de Janeiro. O outro seria para que ela levasse em seu retorno. Injuriados, vimos aquele tesouro ser envolto em palha de bananeira.

Não sei bem se foram dois ou três meses que se passaram antes da chegada da ilustre visitante. Já estávamos de volta à casinha na cidade de São Francisco. Recepcionamos a tia com curiosidade e expectativa.

Como era costume quando meu pai estava presente, estávamos todos à mesa para o almoço. Era uma mesa de fórmica marrom pálido com veios mais escuros imitando madeira, sustentada por pés redondos de metal. Era muito feia, mas tinha a vantagem de um extensor na parte interna. Se a deixássemos sempre estendida, ela atravancaria a passagem na minúscula copa. A comida deveria ser posta nas travessas e terrinas, cuja maioria foi herdada da minha avó paterna. Aguardamos a hora do doce ser servido em expectativa muda.

Finalmente, a sobremesa foi posta diante dos nossos olhos, ainda com seu invólucro intacto. Como num ritual americano no dia de Ação de Graças, o chefe da família tinha diante de si não um insosso peru, mas uma das maiores delícias a ser fatiada. Com toda a elegância e presteza no manejo da faca, meu pai cortou a embalagem rústica e revelou o tão esperado doce.

Os claros olhos azuis da minha tia enxergaram o mofo cobrindo toda a superfície de um doce. Nos olhos infantis, o fim de uma batalha em que fomos vencidos de forma trágica. Tivemos ali um sonho amputado.

VERDES LOUROS DESSA FLÂMULA

Da década de 70, tenho vívidas lembranças dos momentos cívicos instigados pela Ditadura Militar. As escolas da cidade caprichavam em temas nacionais, envolvendo os pais mais abastados na produção de fantasias e carros alegóricos. São Francisco não tinha desfile de Carnaval, mas tinha desfile de 7 de setembro.

Calor rachando, olha a meninada marchando em treinamento! Num dia de muito sol na moleira, amarelei e amoleci. Desmaiei mesmo!

Lembro-me de que somente uma vez o desfile foi cancelado. Havia um surto de meningite assolando o país.

Já fui índia, bandeirante desbravadora dos sertões e, certa vez, colocaram-me para abrir uma ala vestida de baliza. Acontece que *esse dois de paus* aqui era só uma elegante *vara-pau* bem enfeitadinha que não sabia fazer acrobacia nenhuma.

E marcha, soldado!

IOIÔ AMANSADO

O tio Marciano criou os filhos de maneira bem antiquada, carrasca, sem muita permissividade. As meninas sofreram bastante com as ignorâncias machistas dele. Uma delas, Vanilde, presenteou-o com dois netos: Josvan e Vinícius. Os garotos, tão vivazes e amorosos, juntamente com Paixão (segundo nome de Agnel), filho-presente de sua última esposa, a Rosina, aos poucos foram amansando o chucro.

A diversão para esses meninos era sair de Montes Claros para visitar o ioiô Marciano na Serra das Araras. Quando eram pequenos, lá pelo início dos anos 80, a aventura já começava na viagem.

Fosse dezembro ou janeiro, plena época de chuva, percorrer 250 quilômetros sem asfalto, com carros, caminhões e ônibus em fila, num ritmo de cortejo fúnebre, tentando vencer o atoleiro, tornava-se um verdadeiro rali do sertão. Desatolar o carro garantia muitos tombos, roupa coberta de lama e um sorriso de campeão no rosto infantil. O brilho nos olhos era o troféu garantido.

Férias de julho, poeira, areão e buracos não faltavam.

Atravessar o rio São Francisco de balsa era outro suspense. No meio do ano, com o rio muito vazio, podiam ficar encalhados. Nas águas, o rio muito caudaloso tornava a viagem mais longa e amedrontadora. Povoada com as histórias de iaras, de caboclo d'água, de rebocadores que não aguentavam vencer a correnteza do rio, e de carros que caíam na água, a mente formava um bocado de roteiros dignos dos aplausos dos suspenses hollywoodianos. Claro que vencer o Velho Chico era o desafio de maior monta, mas o circuito continuava do outro lado, pois a estrada era ainda pior, com buracos ainda maiores.

Era um momento mágico, de puro prazer e alívio, alcançar o abraço aconchegante do ioiô. Com o banho tomado, sentar à mesa farta, depois da longa viagem, exigia dos garotos muita concentração para não cochilar após as primeiras garfadas.

Acordar com o cheiro de café fresco e pão caseiro recém-assado não era nenhum sacrifício. Atacavam com vontade, não só o pão quentinho, como também os incontáveis potes de biscoito feitos com muito gosto pela Rosina. Um pão de queijo graúdo volta e meia se fazia presente. Era ritual sorver os golinhos da garapa de café com muito dedo de prosa. O avô, mestre contador de histórias (hoje os modernos que americanizam tudo o tratariam como "storyteller"), alimentava o imaginário daquelas mentes vorazes.

E o contador de causos falava sobre a origem do rio Catarina e sobre os mistérios da imensa serra que dava nome ao vilarejo – a Serra das Araras — com seu Santo Antônio milagroso, que fora encontrado na serra e levado para o Santuário, do qual fugira depois, voltando para o mesmo lugar de origem. Esse Santo Antônio trouxe muitos romeiros para o lugar. Isso sem contar as histórias dos ataques de onças, dos bois bravos e das caçadas. E aquilo povoava os sonhos dos meninos.

Nem tudo eram flores. Vanilde tinha que ameaçar com o chinelo para convencer as ferinhas a tomar banho. Também pudera! Banho frio no chuveiro adaptado em um balde não era muito convidativo.

Ao término da luz, às vinte e duas horas, quando os geradores que forneciam energia elétrica para o vilarejo eram desligados, a prosa era encerrada e os causos ficavam suspensos até o dia seguinte.

Mesmo já sendo mais ameno e afetuoso, o tio Marciano ainda era uma figura de firmeza que impunha muito respeito. Sem nunca lhes ter ameaçado com uma surra, os netos não se atreviam a desrespeitá-lo. Qualquer pedido dele era seguido à risca e imediatamente.

Numa dessas gloriosas férias, os netos depararam com uma sortida mercearia que o avô montara há pouco. O baleiro de vidro era a atração principal para aqueles olhinhos brilhantes. Balas de diversas cores e sabores tentavam destruir-lhes a férrea obediência. Ficavam aguando, desejando serem presenteados com uma daquelas delícias, mas não se atreviam a meter a mão.

Entretanto, o destino se encarrega, muitas vezes, de nos dobrar. Precisando ausentar-se por uns momentos, o avô deixa

Josvan e Vinicius Tadeu (para ele, *Jovan* e *Istadeus*), com doze e onze anos, respectivamente, cuidando do comércio.

Honrados pela confiança depositada pelo ioiô, os homenzinhos se dispuseram ao trabalho com empolgação. Todo o entusiasmo foi se acanhando à medida que o tempo passava e nenhum freguês entrava. Só o vento ranhento adentrava, empoeirando os ânimos. Quando o tédio invadiu, um deles deu a ideia de chupar uma bala. Enquanto o assunto a ser resolvido pelo avô se delongava, o paraíso foi sendo redescoberto.

— Hum... essa é ótima!

— Nossa! Essa é azedinha!

— Essa ainda não chupei!

— Óia, essa é de amendoim!

— A que eu tô chupando é de morango.

Baleiro bastante esvaziado, regressa o dono do paraíso acompanhado da mãe dos pequenos vendedores.

— E aí? O quequiceisvendero, Jovan e Istadeus?

Despertado de um torpor glicêmico, o mais velho tenta fazer as contas do que seria a venda de tantas balas. *De onde viria o dinheiro? Melhor era esperar que o ioiô não reparasse as balas ausentes.*

Os olhos de águia varreram o estabelecimento, esbarrando uns segundos a mais no translúcido baleiro. Deu uma olhada no caixa magro e disse, bem pachorrento, enquanto piscava para a filha:

— Éééé! Tô vendo aqui que "cês" venderam as balinhas quase todas! Parabéns! São ótimos vendedores, né, Vanilde?!

VANILDE

Vanilde, filha do tio Marciano, sempre nos foi muito próxima. Lembro-me de certa vez que fomos visitá-la quando era recém-casada. O casal estava morando no Calindé, região vizinha das terras do Lajedo. Nem mesmo sei a razão de estarem lá. O fato é que nos juntamos todos e saímos cedinho da sede da fazenda. Seguimos pela estrada de muito areão. Era um "perto" de mineiro. *Ali, ó!!*

Estávamos todos sedentos naquela estrada sem fim. Meu pai, de repente, ordenou:

— Parem um pouco embaixo dessas árvores que eu vou pegar uma coisa ali.

Mais que depressa, minhas pernas infantis arriaram, seguidas pelas de minha irmã.

Meu pai desembainhou o facão que trouxera consigo e embrenhou-se no mato. Voltou trazendo um fruto grande que chamara de "banana d'água" ou "banana do mato". A fruta tinha polpa imitando uma espécie de gel. Saciou-nos a sede o suficiente para seguirmos o restante do percurso.

Do passeio, foi o que me restou na memória. Anos depois, conheci uma fruta de aparência linda que me apresentaram como sendo de origem japonesa. *Japonesa, qual o que, leitor?! Aquilo era a tal banana d'água, lá das terras do cerrado!*

Adiante, quando fomos morar em Montes Claros, convivemos bastante com Vanilde. A mãe de Josvan e Tadeu costurava para fora dias e noites a fio, além de cuidar da casa e dos filhos, enquanto o marido, José Durães, vendia joias como caixeiro viajante. Zé Durães não parava muito em casa.

A situação financeira do casal foi melhorando e eles saíram do aluguel. Construíram uma casa bem confortável em um bom bairro.

Quando adquiriram um telefone o mais novo resolveu ligar pra casa da sua tia Dina para inaugurar o aparelho. Eu atendi:

— Alô!

Com toda força dos pulmões a criança responde:

— **ALÔ!**

— Quem está falando?

— **É VINÍCIUS!**

— **E eu lá conheço algum Vinícius, menino?** – subi alguns decibéis desconfiando que a criatura tivesse problema auditivo.

— **É VINÍCIUS TADEU!**

— É você, Tadeu?! Não precisa gritar, não, menino! Desse jeito, você vai me deixar surda!

Acostumada a tratá-lo, como todos os demais, por Tadeu, esquecera-me do primeiro nome do priminho.

Quando os filhos, já crescidinhos, tinham condições de ficar sozinhos por um tempinho, Vanilde resolveu dar prosseguimento aos estudos. Matriculou-se no SESU e ia lá apenas para tirar as dúvidas e prestar provas. Desse modo, concluiu o Ensino Médio.

Ela estava radiante pela conquista:

— Cacau, achei que não fosse conseguir. A tal da matemática é difícil demais pra mim!

— Pra você ver que o que mais vale é o esforço. Você podia aproveitar para fazer uma faculdade.

— Qual o quê? Não tenho base pra isso, não! Falo errado mais do que tudo!

— Vane, não é a formação que indica a inteligência. Você é prova disso! Se empenhou e conseguiu ter um diploma de Ensino Médio. Agora aproveita o embalo.

— Será?

— Pense nisso.

Lá um dia Vanilde me liga:

— Cacau, fiz minha inscrição no vestibular. Quero fazer Pedagogia.

— Que bom, Vane! Vamos fazer as mesmas provas específicas: Português e História. Elas valem mais pontos.

— Pois é! Vou precisar de uma força aí no Português e em História!

— Já podemos marcar pro próximo sábado pra começar.

Assim fizemos.

Quando saiu o resultado, minha alegria de ter passado diminuiu ao saber que o nome de minha prima não constava na lista publicada no jornal. No dia seguinte, uma radiante Vanilde me liga:

— Cacau, passei! O jornal publicou a lista faltando meu nome! Zé foi conferir a lista na faculdade e viu que eu passei!

Entre risos de suas próprias gafes linguísticas, uma Vane muito aplicada foi evoluindo.

Com a promessa de comprar outra casa, o marido resolveu vender a casa confortável em que moravam. Nenhuma casa foi comprada. O marido declarou-se falido e devedor de agiota somente quando a situação ficou caótica.

Desgostosa com a falta de confiança e diálogo, Vanilde separou-se do marido. Já há algum tempo, debilitada da coluna, deixara a costura. Valendo-se do diploma, a prima tornou-se inspetora escolar. Foi morar com os filhos em Pirapora, inicialmente, e depois em Belo Horizonte. Com muita dificuldade, conseguiu que os filhos fizessem uma faculdade e se tornassem independentes.

Um deles é subgerente de agência bancária; o outro, não contente com a profissão de engenheiro, mesmo tendo filho e trabalhando, fez o segundo curso com o qual se identificou. É hoje advogado.

Hoje, aposentada, depois de se tornar uma profissional da educação brilhante e muito respeitada, continua na capital mineira, morando com o neto mais velho enquanto este faz faculdade. Por sinal, tanto o rapaz quanto a mocinha — crias do filho Josvan — dão mostras de inteligência acima da média. Seria a genética herdada do avô Marciano?

GALO DE BRIGA

Certa vez, em um passeio pelo litoral capixaba, mais precisamente em Jacaraípe, estava uma pequena turma da moreirada quando abalroaram o carro do marido de Vanilde. O carro, novinho em folha, estava estacionado em uma praça bem próxima de onde nos encontrávamos. O dono percebeu a avaria quando precisou buscar algo no veículo.

Zé Durães voltou à praia e contou a todos o que ocorreu. Uma leva de descendentes de Chico Pra Tudo saiu para verificar, com os próprios olhos, o desaforo sofrido.

Perguntou-se daqui, perguntou-se dali, até que se descobriu uma testemunha que gravou a cor do carro que colidira com o seu. Conseguiu-se apurar também que um dos carros estacionados bem próximo, com a mesma cor descrita, estava com vestígios de tinta do carro atingido. O carro fujão era de um morador do prédio em frente à praça.

Coutinho logo tomou a frente. Convocou o dono do carro e chamou-o para a regulagem com voz de autoridade. A princípio, descaradamente, o dono do veículo negou ter batido em carro alheio:

— Olha, não fui eu, não. Nem saí com o carro hoje.

Pra quê?! Mentiu pra quê?! Um Coutinho de mãos na cintura, enfunou os peitos e, parecendo ter crescido uns bons centímetros, contestou:

— O senhor não se faça de besta! Ponha a mão aqui no capô! Ainda está quente! Tem marcas da tinta do carro em que bateu!

Robson, um gigante, dando cobertura a um baixinho, posicionando-se atrás do contestador, manifestou-se, reforçando a contenda.

— Melhor é assumir logo!

Sentindo-se empoderado com o guarda-costas, o galinho garnizé, batendo as asas na costela, esquentou a altercação.

— Se for preciso, a gente chama a polícia aqui agora e depois cobramos os danos e os desaforos na justiça. Aqui *num* tem moleque, não! *Num* tem besta também, não! Aqui é tudo macho!

— É isso mesmo! Se a gente *num* resolver agora, vamos chamar a polícia! — manifestou o dono do carro.

Depois de muito rabo de olho no gigante posicionado atrás do garnizé, o avestruz enterrou a cabeça na areia e cedeu. Pagou o conserto do carro danificado.

A PRIMA EDNA

Edna, ou melhor, Auriedna, filha de tio Moreira, morou um tempinho conosco em Montes Claros enquanto fazia faculdade. A elegante e extrovertida prima enchia nossa casa de risos. Sua alegria sempre foi contagiante. Depois que passou no concurso da Cemig (Companhia Energética de Minas Gerais), alugou seu próprio espaço e, na sequência, financiou um apartamento.

Sempre achamos muito bonita a relação não só dela, como também dos irmãos com o pai, pois tio Moreira nunca foi de impor por surra, ameaças ou pela força do berro. Mas o medo de desapontar o paizinho fazia com que todos os filhos pensassem não uma nem duas vezes, mas mil, diante da possibilidade de cometer um deslize.

Ela disse à minha mãe:

— Sabe, tiazona, ouvir uma chamada no cantão de paizinho é muito mais doído do que uma puxada de orelha. Sentir a decepção no olhar dele e ouvir as lições que ele dá dói demais!

Como a vida não é uma moeda de um lado só, a relação com a mãe foi distanciada depois que esta se separou de tio Moreira. Após uma longa era sem vê-la, Edna praticamente apresentou-se à mãe ao recepcioná-la para um café em nossa casa. Partiu meu coração ao perceber o que é ter mãe, mas tê-la como ilustre desconhecida, já no início do lanche.

— O café está muito gostoso. Você não vai tomar um pouquinho, filha?

— Não, *mãizinha*. Não tomo café. Nunca gostei.

E quantas coisas mais teriam que descobrir uma da outra?

Edna largou o emprego seguro, mas limitado, para alçar voo com representações. A situação não era como ela havia esperado. Penou um bocado até colocar as coisas nos eixos. Por fim, tornou-se funcionária pública do Tribunal de Justiça.

A prima, sempre independente, dizia-se solteirona convicta até conhecer Elton. Não sei se a promessa foi para Santo Antônio ou para a mãe dele, mas o fato é que ele bateu o pé: *nada de morar junto sem casar!* Arrebanhou uma das meninas de ouro do tio Moreira.

FESTA DE ARROMBA

Jainy, filho do meu irmão Jassanã, sempre foi meu sobrinho mais espevitado. Vergonha, nem um caroço! O primeiro neto da avó Dina tinha seus privilégios, inclusive o direito a um bolo de aniversário em um momento de grana escassa.

— Ó! Sua tia Cau vai fazer um bolo e você tem o direito de chamar dois amiguinhos para virem comer.

— Tá bom, vó!

Final de tarde, vimos a casa encher de meninos. O desavergonhado batera de porta em porta convidando todas as crianças da rua para uma *"festa de arromba"*.

Ainda demos sorte, pois o bolo era de bom tamanho, já que sempre errei a mão para o exagero. Para beber, nem mesmo um refrigerante, só o famigerado refresco de pacotinho.

Minha mãe teve vontade de esganar aquele pequeno arteiro.

Peguei meu som, coloquei na garagem, subi numa cadeira e comandei o show. Rebolei e botei esses meninos para dançar.

Não tivesse me tornado professora, teria sido atriz. Encarnei uma apresentadora ou animadora de palco que nem mesmo Xuxa botaria defeito! O concurso de dança foi tão bom que ouvi de algumas crianças que aquela tinha sido a melhor festa da vida delas. Uma festa de arromba!

RANCHO DO BODE

Tio Toninho e tia Geralda — na verdade, tios de minha cunhada Anísia, casada com Jassanã — cederam uma isca de terra na beira do São Chico para que a sobrinha erguesse um rancho de pesca onde pudesse passar as férias com a família.

Da primeira vez que voltaram da beira do rio, as sobrinhas Ana Cristina e Janiny estavam tão picadas de muruim e mutuca que tive vontade de chorar ao vê-las. Janiny, então! Branquinha como uma jia, quase transparente, era pura pereba.

Já prevenidos e munidos de repelente, passamos a frequentar o rancho quando ainda só tinha um cômodo. Separando o espaço para estender os colchonetes e a cozinha com um fogão a gás, havia um balcão. Nada de banheiro ou água encanada! Era um acampamento de pesca. Armávamos barracas sob os pés de jeni-papo, pegávamos para beber e cozinhar uma água clarinha e fresca de uma cacimba que brotava dentre um buritizal bem próximo e, apesar da rusticidade, nos divertíamos bastante.

Meu filho Matheus tinha apenas um ano e oito meses. Tão bonzinho e obediente que não dava trabalho. Ao chegar, delimitei para ele a área em que poderia brincar sozinho.

— Está vendo essa plantinha aqui, filhote? Você só pode vir até aqui. Pra lá, mais próximo do barranco, é perigoso. Só pode ir com gente grande, tá?

Ele ia devagarzinho, com as mãozinhas nas costas, procurando a plantinha. Acocorava ali, admirando o rio e vendo os barcos navegarem por um longo tempo. Lógico: não o perdíamos de vista!

Já lotamos aquele rancho com barracas entupidas de bons e maus pescadores. Era sempre muito divertido.

Jassanã acabou construindo um chalezinho bem confortável e alguns banheiros.

Rapadura, dono de um barco grande, nos levava junto à tralha toda. E era muita tralha! Varas de pesca, alimentos, cerveja, caixa com gelo, barracas, colchonetes, roupa de cama... Fazíamos o caminho de formiguinha para subir o barranco com tanta coisa. Jassanã descia o rio no barco pequeno de pesca. Às vezes, mais um ou outro barco de amigos também.

Numa dessas viagens, com a volta marcada para o início da tarde, o barqueiro, pela primeira vez, não cumpriu o trato. Um amigo dele nos buscou um tempo depois, nos chocando com a notícia: Rapadura tivera um infarto já na hora de sair. Nosso amigo embarcara com Caronte para navegar em outro rio, deixando um rastro doce na lembrança.

CONCURSO DE BEIJU

A memória afetiva vem, muitas vezes, ligada à comida. A Moreirada nem sabe se reunir se não for rodeada de muita comida gostosa.

Cozinheira de mão cheia era tia Santa. Essa representante mineira das velhas tradições fazia o melhor doce de leite, o melhor bolo de mandioca e o melhor pão de queijo.

Só vim a ficar apaixonada por macarrão já na adolescência. Ainda sinto o sabor do talharim à bolonhesa feito pela tia Santa em Ponte Nova. Até então, comia o sofrível macarrão de escola pública e o insosso alho e óleo da minha mãe.

Minha mãe tem uma boa mão na cozinha, mas tem um repertório meio limitado, inclusive nos temperos. Como boa barranqueira, sabe preparar um bom peixe (não tão bom quanto o dos meus irmãos Robson e Jassanã, diga-se de passagem!) e um arroz de carreteiro de se pedir a receita. Agora, no beiju — ou, para muitos, tapioca — é exímia!

Quando retornamos ao sítio pela primeira vez sem a tia Santa, ficávamos indo de canto a canto, esperando ouvir seu riso inigualável. Não era só uma risada; chamávamos aquele evento de gaitada. Um som fino, alto e memorável. Senti falta da distribuição de alegria feita por aquela gargalhada. Era o pó de pirlimpimpim que caracterizava aquele encontro anual de família.

Comentei com tia Carmem:

— Ai, tia! Que saudade de tia Santa! Numa hora dessas, ela estaria preparando um baita café da tarde.

— É mesmo, Cau! Olha, eu não sei fazer aquele tanto de quitute que ela fazia, não, mas posso fazer um beiju maravilhoso. Aposto que você nunca comeu igual!

— Que nada, Carmem! O meu é o melhor! – disse minha mãe, chegando a tempo de pegar a conversa.

Ouvi dentro de mim a risada gostosa! Peguei o gancho da alegria e desafiei:

— Pois está aberto o **Concurso de Beiju**!

Quando anunciei para toda a galera, apresentou-se mais uma concorrente: Betinha, filha da tia Santa.

— E Betinha sabe lá fazer alguma coisa na cozinha? Quá! Vou mostrar pra essa uma!

— Verdade, Carmem! Essa aí você não precisa temer! – disse a provocante adversária Dina.

Tendo três casas no mesmo enorme lote – era um quarteirão inteiro! –, cada uma assumiu uma cozinha.

Eu, juíza do grande evento, tratei de organizar o local do concurso, a urna, os votantes e os prêmios. Enquanto isso, nos bastidores, um neto de tia Carmem foi usado como espião.

— Vó, capricha aí, que no de Betinha está rolando até leite condensado!

Degustamos os três preparos, debaixo de muito discurso de zoação. Minha mãe não perdeu a oportunidade de fazer gozação com tio Marciano e seu suposto discurso para vereador, creio eu:

"— Se não houver traiança nem sunsura, sei que eu me alejo".

Na verdade, leitor, traduzindo seria: se não houver traição, nem censura, sei que me elejo.

E ouviram-se risadas, pedidos de *impeachment* da juíza (por ela ser filha de um concorrente), de anulação por espionagem e de produção de novas remessas para melhor apreciação...

Após a apuração, houve ainda mais risos quando distribuí a premiação.

Está curioso, leitor? Pois, eis o resultado:

Recebendo a faixa de papel higiênico e uma espátula para continuar treinando, a campeã: Dona Dina!

Em segundo lugar, recebendo um pirulito para não chorar, o beiju de coco e leite condensado da Betinha!

Em terceiro lugar, recebendo um sabonete com um cartão encantador — *"Vai tomar banho e vê se aprende a cozinhar!"* — uma inconsolável tia Carmem.

O resultado mais fajuto que já vi! O da Betinha estava massudo e puxento, mas as crianças nem se importaram. O leite condensado falou mais alto! O da tia Carmem estava quase idêntico ao da irmã, ambos com massa fina, sequinhos, com queijo e manteiga.

Eu, como juíza, não pude dar meu voto, que seria para o beiju da tia Carmem, pois, a meu ver, naquele dia, estava ligeiramente superior. Um *decimozinho* mesmo de diferença! Sem *traiança*, pois adoro o da minha mãe!

À noite, não sei se já havia dormido quando tive a nítida impressão de ouvir, ao longe, uma gaitada inconfundível.

POTOCAS

Na primeira vez que fui visitar a tia Maria, irmã da minha mãe, ela nos serviu um café que era famoso na família inteira como o pior de todos. Até então, não conhecia essa fama, mas pude comprová-la e testemunhá-la.

O café podia ser ruim, mas a prole deixada de herança para essa moreirada é maravilhosa. Filhos e netos muito inteligentes, corretíssimos e extremamente generosos. Um dos netos, Carlúcio, filho da prima Mísia, além do grande coração, tem o dom de contar histórias.

Desculpe leitor, sei que não consigo defini-lo só com isso, então vou tentar assim:

Ele é um encantador com histórias. Conta um caso atrás do outro. Se a gente acha que só deu meia dúzia de piscadas, já se passaram duas horas. O riso rola frouxo com ele. E quando você acha que é tudo potoca, alguém chega para confirmar a veracidade dos fatos.

A primeira história que ouvi dele foi sobre a ida a São Paulo.

Carlúcio foi morar e trabalhar com o primo Silvio em sua loja de eletrônicos e instrumentos musicais. A então esposa, Nair, levou o almoço e orientou:

— Carlúcio, você sobe e almoça, que eu vou tomando conta da loja. A comida está lá em cima, na sobreloja.

— Tá bom, Ná! Tô mesmo com fome.

Abastecido, Carlúcio desce de volta ao trabalho. Dali a pouco, chega Jesner, o caçula da Ná e primo Silvio.

— Filho, sobe e almoça! O Carlúcio já comeu, mas seu pai não chegou ainda.

Logo, desce um Jesner atarantado.

— Mãe, cadê a comida?!!

— Tá lá em cima, meu garoto!

— Não tem comida lá, não!

Nair veio a descobrir que a comida que trouxera para três pessoas era insuficiente para a *fera-peão-em-desenvolvimento* importada de Januária.

— Só aquele tiquim, Ná?! Achei *mei poco* pra mim, mas num quis *recramar* no primeiro dia! Amanhã *cê* capricha, Ná!

Cara de pau sem verniz!!!

ANJO?

Carlúcio sabe o quanto gosto de comer peixe, especialmente o pocomã — na verdade, o nome é pacamã, uma espécie de bagre muito parecido com o peixe-sapo. Por isso, volta e meia me presenteia com um dos seus pescados. O bicho é pescador dos bons!

Certa vez, saíram Carlúcio e o amigo Xandão rio acima para pescar. Fisgaram três bons dourados nas primeiras duas horas, próximo à ponte de Maria da Cruz, e continuaram a subida.

Foram abordados por outro barco de pescador. Um *envermelhado* turista indagou:

— Pescou alguma coisa, companheiro?

— Tem três dourados aqui que *num* fazem feio, não, companheiro!

— Rapaz! *Cé doido!* Faz dois dias que estou com o anzol dentro d'água e não peguei nada! Não posso voltar pra Belo Horizonte de mão vazia! Me vende esses peixes?

— Que dia que cê vai embora, companheiro?

— Daqui a pouco, moço! Eu sou médico e tenho um tanto de consultas agendadas pr'amanhã!

— Toma aqui! — diz Carlúcio entregando-lhe os três peixes.

— Que maravilha! Quanto é, companheiro?

— Pra mim, o senhor não precisa dar nada, mas se puder atender de graça pelo menos um pobre por cada peixe, eu agradeço.

O médico entregou-lhe um cartão e a promessa de cumprir o pedido.

Xandão, como bom companheiro, não interferiu na decisão do amigo. Ficou calado até o doutor afastar-se.

— Ô, doido! Tá lembrando que nós vamos subir o rio e não trouxemos nada pra comer?!

— Se avexe, não *home*! De onde vieram aqueles tem mais!

Dito e feito!

E se Carlúcio entregou sua pesca para um mero desconhecido, imagine para os muitos pobres barranqueiros que se tornaram amigos? Aonde ele vai, reparte os alimentos que tem, e sua pousada é sempre bem-vinda. Vendo a necessidade, entrega tudo que tem, seja comida, dinheiro ou agasalho.

E o bom companheiro Xandão sabe onde *amarrou sua égua*. Ainda que depois dê uns *esporros*, por dentro se enche de orgulho.

Certa vez, saídos de Januária, já no Travessão, distrito da cidade de São Francisco, aportaram no ranchinho de um pescador conhecido.

— Tarde, Paraguaio!

— Tarde, *us minino*!

— *Cuméquiandasmoda, cumpanhêro?*

— Ichi! *Tá bão*, não!

— *Tamo cum* pó de café aqui *pricisano* de uma coada. *Podemo* usar seu fogão?

— Lenha *mode cuzinhá, num* falta. *Vamo subino*!

Entre a fervura da água na *chaculateira* e a coada do café, o velho pescador debulhou suas amarguras. Naquele ano de 2020, durante o período de defeso — quando os pescadores não podem pescar, mas recebem um salário do governo — a ajuda de custo atrasou. Com o barco avariado e sem chance de conserto, Paraguaio teve que substituí-lo por outro, com garantia nos proventos futuros, mas teve que devolver o bem adquirido por falta de pagamento. Também os comerciantes se recusavam a entregar-lhe um quilo de arroz que fosse sem o saldo das dívidas. A luz já havia sido cortada.

Carlúcio meteu a mão no bolso tirando tudo que tinha e disse:

— Ô, Paraguaio! Soubesse eu, *tinha* trazido mais. Mas o que tem aqui dá pra pagar sua luz e amolecer o pessoal da venda. O resto, tenho certeza, Deus vai providenciar!

— Já *providenciô, cumpanhêro*! Ele mandou *ocê*!

Mais tarde, quando o sol, já beijando o poente, deixa a vista embaçada, Carlúcio diz ao seu fiel piloto:

— Volta aí, Xandão! Parece que enxerguei um barco encalhado dentro daquela moiteira.

— Deixa de ser besta, Carlução! Cê num enxerga direito nem em dia claro! Vai enxergar nesse lusco-fusco?!!

— *Tô falano*, moço! Volta! Volta naquela moiteira bem na ponta da ilha! Eu tenho que conferir!

Era um barco! Estava tão embrenhado no mato que não conseguiram tirá-lo. Voltaram no outro dia com mais gente e o arrancaram de lá.

Carlúcio teve um breve dilema ético. Se fosse o barco de São Francisco, teria devolvido pessoalmente ao dono. Sendo de

Pirapora, deveria entregar na Capitania dos Portos. Entretanto, após orar, Carlúcio seguiu o coração:

O barco estava perdido há muito tempo, pois já se esquecera da data da última enchente. O dono dele já haveria de ter se arranjado. Deus não mostraria um barco no meio do mato pra alguém meio míope, com sol já se despedindo, sem um propósito maior. Tinha que ser de Paraguaio!

E há quem não acredita em anjos!

Você é um deles, leitor?!

O LEILÃO

Acha Carlúcio um anjo, leitor?! Não seja ingênuo! Só se for anjo que São Pedro despachou pra ficar livre das travessuras. Por sinal, quebrou-lhe uma asa, ou melhor, o braço, depois de uma de suas estrepolias. Xandão, quando quer provocar Carlúcio, chama-o de "Braço Torto", resultado do trauma mal cicatrizado.

Partiu a dupla para o Remansinho, comunidade do Município de Januária. A cada cancela aberta, um sorridente e gentil Carlúcio não jogava moedinha, não! Estirava uma baita nota de dez reais. Lá pela quarta ou quinta cancela, puxou prosa com uma mocinha que lhe fizera a gentileza de abrir passagem.

Xandão aguarda pacientemente o final da prosa. Sem abrir o bico.

— Toma, *ma fia, procê* comprar suas coisinhas!

Dessa vez, o valor foi dobrado.

O povoado estava realizando um leilão beneficente. A verba arrecadada seria para comprar material escolar para as crianças extremamente carentes da localidade.

Convidado pelos amigos, inclusive por uma parente que era professora da escola, Xandão vinha de cálculo para emagrecer a carteira em uns sessenta reais.

Iniciou-se o leilão. Como prenda, um frango assado com valor inicial de três reais. Após o primeiro aceite de um interessado Xandão, um sujeito levanta a mão e oferece sessenta. *Quem era o sujeito? Carlúcio, claro!*

Xandão olhou atravessado, mas não disse nada.

Seguiram-se ao frango, pernil, leitão à pururuca, bolos, tortas, refrigerantes, licores, cachaças e outras bebidas alcoólicas. Os lances, numa época em que o real estava bem estabilizado, começavam de um a três reais. Já no segundo lance, o valor era absurdamente inflacionado por Carlúcio, sem direito à concorrência.

— Moço! *Deix'eu* contribuir pelo menos um pouco!

Carlúcio nem ligou.

— Quero arrematar pelo menos uma coisinha! – implorou um injuriado Xandão.

Nenhuma reação do amigo. Ao primeiro lance, Carlução retrucava alto. Absolutamente ninguém da comunidade teve chance de participar devido à concorrência desleal.

Ao final, pediu que organizassem duas filas: uma com as crianças e outra com os homens. Dali, todas as prendas foram distribuídas.

Segundo Xandão:

— O bruto do Braço Torto gastou uns mil reais naquela brincadeira.

Retornaram a Januária um simpático e sorridente distribuidor de notas de dez reais e um emburrado Xandão.

Ao chegar em casa, Xandão comentou com a esposa sobre o ocorrido e admitiu que não poderia ficar chateado com uma pessoa de tão bom coração. Mais tarde, a esposa e a neta manifestaram vontade de comer uma pizza. O desejo foi prontamente atendido.

Lá pelas vinte e duas horas, Carlúcio atende o telefonema do amigo:

— Carlúcio! O dinheiro da minha carteira sumiu! O dinheiro que você deu nas cancelas era o meu?

— Pois é, *rapaiz*! Era. Achei sua carteira mais fácil. A minha *tava* mais *difici*!

— Ô seu *miserento* do braço torto! Como é que você faz isso com um amigo? Eu *tô* com uma pizza aqui na porta sem um tostão pra pagar!

FIDAPUTA

Em uma das pescarias no Travessão, à beira do São Chico, Carlúcio, Xandão e Marcelo faturaram um surubim, diversos piaus, curimatãs e dourados pescados.

Carlúcio assumira a cozinha. Apesar de já ter um feijão cozido com carne de sol dentro, pediu que Marcelo subisse o barranco com uns piaus e um dourado já limpos para fazê-los fritos.

Pronto o feijão, Carlúcio completou-o com um *rasga-tanga* (caldo do feijão engrossado com farinha de mandioca, bastante pimenta, cebola, tomate e pimentão), um *panelão* de arroz e uma porção gigante de peixe frito, pois a safra do dia fora boa.

Xandão chegou dizendo:

— Uai, Carlúcio! É nosso amigo *Lorim* que está no rancho aqui do lado com uns companheiros.

Xandão foi lá comendo uma posta de peixe frito. O amigo *Lorim*, sem pestanejar, avançou e roubou-lhe o peixe da mão. Teve, pelo menos, a decência de dividi-lo com um dos companheiros que estava presente no momento.

— Moço, parece que não *tem* mais peixe nesse São Francisco! Estou com uma turma aqui *tem* três dias e ninguém pegou nada! – queixou-se *Lorim*, um pescador já experiente.

Logo mais, Carlúcio entregou uma generosa porção da fritada sobre a cerca de arame a um dos turistas pescadores.

— Ô, *fidaputa*! – recebeu a prenda um camarada de olho arregalado.

Rapaiz! Eu tô aqui tentando agradar e o home me chama de fidaputa!? Carlúcio diz ter pensado.

— Não pegamos nem uma piaba, *fidaputa!*

— Decerto que os que tinha eu peguei, *fidaputa!* – responde logo um debochado Carlúcio.

No outro dia, o azar ainda rondava os vizinhos.

— Cara, que sorte! Você é um *fidaputa!* – pronunciou o mesmo embasbacado visitante ao ver os muitos pescados de Carlúcio.

— Sorte nada! Aqui é pescador treiteiro, *fidaputa!*

— Pois aqui está todo mundo querendo comer só peixe, mas nada feito! – disse *Lorim*.

— *Lorim, cê* tem que trazer esse *fidaputa* pra cá! – implorou o turista.

— *Vô* nada, *fidaputa!* Esses daqui são meus companheiros de mais de trinta anos! – indignou-se o Carlúcio.

Dessa vez, uma moqueca acompanhada de pirão com pimenta foi passada por cima da cerca:

— Valeu, *fidaputa!*

— Tem nada, não! Amanhã tem mais, *fidaputa!*

Já na hora da despedida dos companheiros vizinhos, Carlução fez uma catada de peixes, ensacou e entregou sobre a cerca ao mesmo "*fidaputa*".

— Ô, *fidaputa!* Isso aqui é *prôceis* levar pra casa e comer com a família.

— Ô, *fidaputa!* Isso é bom demais! Não vamos chegar de mão vazia!

Vieram à cerca os demais companheiros, cumprimentaram e agradeceram formalmente, com os devidos apertos de mãos.

Alguns dias depois, já de volta a Montes Claros, um dos muitos amigos de Carlúcio o chamou para uma rodada de truco convocada pelos perdedores de uma rodada anterior em um sítio próximo a Januária.

— O cara tá querendo revanche, Carlúcio!

— Então vamos lá dar outra surra nele!

O perdedor era dono de uma fazenda perto de Montes Claros. Carlúcio catou um bocado de peixe já temperado, arranjou outro parceiro e rumou à jogatina. Só não tinha conhecimento de que havia sido uma combinação sem dia marcado.

Lá chegando, perceberam uma movimentação de muitas pessoas. O dono da fazenda os recebeu na porteira, meio sem graça.

— Moço, por que você não avisou? Hoje eu estou com um pessoal importante aqui!

Enquanto isso, Carlúcio vasculhava o ambiente com o olhar. Avistou um grupo de pessoas conversando com aspecto sério.

Carlúcio, colocando a cabeça para fora do carro, grita inesperadamente:

— Ô, *fidapuuuta!*

Dentre os convidados, sai um dos sisudos, encaminhando-se em direção ao carro.

Um pálido anfitrião balbucia:

— Cê tá doido, homem!? Chamando um juiz federal de *fidaputa!?* Quer ser preso, diacho?!

E se achega um juiz já de sorriso arregaçado:

— Ô, *fidapuuuta!* Vem cá me dar um abraço!

E, entre o abraço apertado e os tapas nas costas, diz:

— Vem cá, minha mulher está doida pra te conhecer e agradecer os peixes!

— Pois aqui tem uns prontinhos, já no jeito de pôr no fogo!

PRISCILA E BOB JÚNIOR

Meu irmão mais velho, Robson, teve um casal de filhos. Priscila veio primeiro, toda recatada, marrenta e tímida; Júnior, depois, um furacão em forma de gente.

Certa vez, minha mãe foi com Priscila, de ônibus coletivo, até o comércio de Robson no centro de Vitória, Espírito Santo. O motorista não parou no ponto de costume, mesmo com o acionamento do sinal. Uma Priscila, por volta de seus quatro ou cinco anos, desceu do salto e, em alto e bom som, soltou:

— Seu lerdo! Seu *besto*! *Indioto*! A loja do meu pai não é aqui, não!

O motorista, entre a timidez e o divertimento, justificou:

— O ponto mudou! Não é lá mais, não, filha!

— Num sou sua filha, não, seu *besto*!! Pode voltar!

Foi difícil e constrangedor para a avó descer uma Priscila que, nessa altura, já sapateava e esperneava.

Fui curtir as praias capixabas em um determinado janeiro, quando Júnior estava próximo dos três anos. Já no percurso entre a rodoviária e a casa de Robson, meu irmão disse:

— Cau, vai perguntando pro Júnior os modelos dos carros.

Eu, que só conheço Fiat pé-duro — o Uno — e Fusca, perguntava ao garoto qual era o modelo do carro ao lado e tratava de conferir o nome na traseira. Aquela isca de gente, socadinha em um bolo só, não errou uma vez sequer!

E pensar, leitor, que a troncha da tia teve que conferir todos os modelos!

Aquele aprendizado começou pela curiosidade do moleque. Como era uma forma de mantê-lo quieto, meu irmão foi dando corda.

Fiz disso uma lição. Na praia, esgotadas minhas energias de correr pela areia e pular ondas com Júnior, usei uma estratégia:

— Bob Júnior, você quer picolé?

— Quero, tia!

— Está vendo o vendedor lá na frente daquela barraca azul?

— Estou, tia.

— Vai lá e pergunta se ele tem picolé!

Sem perdê-lo de vista, acompanhei o serelepe correndo ida e volta.

— Tem, tia!

— Pergunta de que sabor ele tem!

A bateria inesgotável retornou e recitou a lista inteira sem titubear.

— Você vai querer de qual, Junior?

— De uva!

— Pergunta quanto que é!

De volta o tufão, não deixei a peteca cair:

— Vê se ele tem troco pra nota de dez!

(...)

Minha surpresa não parou com a memória do menino prodígio em decorar modelos de carros (inclusive alguns importados!). O danadinho, que ainda nem pronunciava o 'R', já estava começando a ler aos três anos! Quando completou quatro anos, então, já com a língua desembolada, que ninguém com língua enrolada se atrevesse a fazê-lo ler 'paralelepípedo'! Passaria vergonha! Que inventasse uma palavra mais difícil, pois aquela seria lida em um fôlego só!

Dali a alguns meses, mais precisamente, em julho, meu irmão veio com a família. Já no café da manhã, o Júnior perguntou ao pai o número do telefone da avó por parte de mãe. Meu irmão recitou rapidamente o número. Umas boas horas depois, entrando no quarto da minha mãe, escutei o garoto, ao telefone, pedindo:

— Tia, chama vó Pita aí, *ligeilo*!

Voltei à sala e indaguei:

— Quem fez a ligação pra Bob Júnior?

Como um ficou olhando para o outro com cara de "quem foi?", adivinhamos logo a autoria da façanha.

Pobre de mim, leitor! Trezentos anos para decorar o próprio número do telefone celular!

Em seguida, fomos a Januária, em um dos encontros da moreirada, para curtir a praia de água doce. Bob Júnior provou aos demais garotos que já sabia escrever. Pegou um graveto pontudo e assinou o malfeito na pintura do carro novo do meu marido.

Tio Marciano sempre chamava o danadinho na regulagem — de vez em quando, apontando-lhe um cipozinho.

Ao se despedir, o desavergonhado, para vingar-se das ameaçadoras limitações de traquinagens, já próximo ao portão, arriscou colocar a cabeça pelo lado de fora do carro:

— Tchau, Marciano, nariz de tucano! Tchau, Rosina, nariz de buzina!

Uma perna quebrada não foi um impedimento para Júnior andar de bicicleta!

Os primeiros cadernos encapados com carinho e capricho pela mãe ficaram estraçalhados após uma semana de uso.

OUTRAS MAIS DE BOB JÚNIOR

Certo dia, ainda por volta dos dois ou três anos, na praia, recebeu o convite do tio Moreira:

— *Vombora*, Junão, pegar uma onda?

— *Bola, ti Molela*!

Minha mãe, preocupada, indagou:

— *Meurirmão, cêguenta* esse menino? *Cê* já bebeu demais!

— Que nada, Dina! *Noissomehome*, né, Junão?!

E serpentearam rumo às águas azuis. Pularam umas ondas, mas não demorou muito para o tio Moreira perder o equilíbrio e soltar a mão do Júnior. Após se aprumar, o tio conseguiu levantar pelo braço o garoto, que já estava sem fôlego.

Pensa que houve chororô?!

Após a primeira golfada de ar, o furacão, ainda preso pelo braço, do alto, soltou para um tio ainda aturdido:

— *Noissom... mé...home... né, ti Molela*?!

A esposa do tio Moreira, Alaidyr, foi recolher os ovos no galinheiro do seu sítio quando deparou com o *traquinas* colocando o penúltimo ovo no moedor. Naquele dia, não teve os maravilhosos e esperados biscoitos.

Pior fez quando, para satisfazer sua curiosidade infantil, quase matou o cachorro da avó. Era daqueles miúdos pinschers que, ao ser solto do sofá, caiu sobre as patas com toda a elegância. Mente instigada, o garotinho foi à janela e testou: soltou o cãozinho. O danado caiu do mesmo modo! Não satisfeito, Bob Júnior voltou a testar sua teoria. Subiu um lance de escada que levava ao puxadinho onde morava um inquilino. A queda vertical foi presenciada pela assombrada avó Pita:

— Valei-me, minha Nossa Senhora!!! Júnior matou meu cachorro!

A queda chegou ao fim com a devida comprovação científica: a pobre cobaia atingira o solo incólume e elegantemente sobre as quatro patas.

RUI BARBOSA MEIA-COLHER

"Diz a lenda que Rui Barbosa, ao chegar em casa, ouviu um barulho estranho vindo do seu quintal. Chegando lá, constatou haver um ladrão tentando levar seus patos de criação". Aproximou-se vagarosamente do indivíduo e, surpreendendo-o ao tentar pular o muro com os amados patos, disse-lhe:

— Oh, bucéfalo anácrono! Não o interpelo pelo valor intrínseco dos bípedes palmípedes, mas sim pelo ato vil e sorrateiro de profanares o recôndito da minha habitação, levando meus ovíparos à sorrelfa e à socapa. Se fazes isso por necessidade, transijo; mas se é para zombares da minha elevada prosopopeia de cidadão digno e honrado, dar-te-ei com minha bengala fosfórica bem no alto da tua

sinagoga, e o farei com tal ímpeto que te reduzirei à quinquagésima potência que o vulgo denomina nada.

E o ladrão, confuso, pergunta:

— Dotô, eu levo ou deixo os pato?"

(Dad Squarisi — Estado de Minas — 02/10/2013)

Recebi esse texto enviado por Esdras no grupo do WhatsApp: "Nas barrancas do rio" (Projeto de Extensão do Instituto Federal — campus de Januária — para incentivo à valorização dos autores regionais). Já conhecia essa gostosura de história. Reli essa delícia e lembrei-me da minha fatídica veia barbosense.

Meu filho nasceu com uma forte rejeição à lactose. Por conta disso, desde seus primeiros dias, ele vomitava tudo. Após onze dias de internamento, dado o veredito — para não dizer diagnóstico — nenhum leite, fosse de produção humana, bovina, caprina ou da indústria de laticínios do Brasil, servia. Nem o de soja ele aceitou. O único que conseguiu ingerir era um leite importado da Suíça que estava ainda entrando no mercado brasileiro. Conseguimos, através de amigos que faziam parte da diretoria da indústria Nestlé de Montes Claros, solicitar o envio imediato de uma caixa do produto. Caro pra encardir, mas compramos a preço de custo. O tal leite pré-digerido chegou em dois dias! Santos amigos!

Depois de quatro meses, já não lhe dava o salvador, mas fedorento leite. Passei a dar leite de peito de frango (caldo do cozimento de legumes com peito de frango, junto ao pedaço da ave, batidos no liquidificador com um pacotinho de cálcio). A partir dos cinco meses, também preparava um mix de diversas frutas com um pacotinho de cálcio, e ele degustava na mamadeira. Aos dois anos e pouco, experimentei o leite de cabra, e ele aceitou bem.

Enfim, nesta fase, quando Matheus estava com uns dois a três anos, ainda trocando o 'R' pelo 'L', voltando à noite de uma reuniãozinha de família, meu cabritinho cochilava no banco de trás do carro. Eu, já com uma vontade louca de cair na cama, estava quase seguindo o exemplo.

O garoto havia se alimentado mais cedo na festinha; entretanto, bateu a dúvida se ainda teria que preparar a mamadeira.

A voz da preguiça indagou em código barbosense para o marido:

— Meu bem, será que o jovem infante ainda há de almejar uma mistura láctea em um instrumento sugante?

Mais rápido que um foguete, alguém se posicionou entre os bancos da frente e soltou, numa vozinha de bala delícia:

— *Cês* tão falando da *dêdêla*, né?

Meu marido praticamente parou o carro para que nos olhássemos embasbacados. Nossos olhares gritaram mudas perguntas e soltaram "ENES" exclamações. *Raios que me partam! Como?! Puta que pariu! Peraí! Que pariu, sim! Puta, não!!!*

Mortalmente atingida por um fedelho, minha veia verborrágica e prolixa morreu ali. Pobre natimorta!

STATUS DE RAINHA

Rege, como irmã mais velha, mais madura e zelosa, tinha alguns privilégios. Um deles era monitorar o uso da bicicleta que fora presente de Natal para três: a rainha, eu e Marcelo. Os pobres súditos raramente tinham o privilégio de dar uma voltinha.

De nome Regina Coele (Rainha do Céu em latim — tendo Coele como pronúncia: Tchele), a rainha comandava as brincadeiras. Adorava brincar de escolinha, sendo sempre (e logicamente!) a professora; era a mãe — nunca a filha; a médica — nunca a paciente. Não foi à toa que se tornou pedagoga!

Batalhadora tenaz, trava muitas lutas sem se deixar abater. Após o primeiro filho, Bruno, venceu um câncer hormonal. A situação econômica não permitiu à guerreira tirar licença durante o tratamento de quimioterapia (o serviço público municipal onde tinha seu cargo efetivo fazia, até então, descontos de benefícios no contracheque dos servidores afastados por licença médica). No estômago, só parava alguma coisa às vésperas da próxima sessão do tratamento. Nossa mãe, as maravilhosas cunhadas da minha irmã e a sogra acompanharam de perto, dando força, fazendo novenas e inventando receitas que pudessem aliviar sua fraqueza.

Vencido o inimigo, minha irmã conseguiu realizar o sonho de ter uma filha. Deu-lhe um nome justo, homenageando a mãe de todos os católicos, para quem as novenas da família eram dirigidas, e, de sua própria façanha, deixando uma marca indelével da braveza guerreira: Maria Vitória.

Seus filhos formaram-se em Medicina com honra e mérito, mas foi com muito suor dos pais que conseguiram dar conta da educação dos dois.

O último ano de Maria Vitória na faculdade foi de extrema dificuldade financeira. Separada do marido, arcou com a faculdade da filha, tendo até mesmo negociado um semestre para pagar no ano seguinte. Hilariamente, o ex financiou os custos do suntuoso baile de formatura. Bem ou mal, fomos prestigiar e curtir esse momento de pura glória.

Já no dia seguinte à formatura, Maria Vitória embarcou com o irmão Bruno para São Paulo, onde ele já trabalhava e estudava, pois estava fazendo a especialização em cirurgia.

Não muitos meses depois, Rege foi diagnosticada com câncer de mama. Uma bomba detonada no emocional de todos, especialmente para quem recebe o diagnóstico.

Maria Vitória, carinhosamente chamada por todos nós de Mavi, não se adaptou às correrias de Sampa e deixou de lado o que não era sua prioridade para atravessar esse momento difícil junto à mãe.

Pela segunda vez, a guerra foi travada de pé pela amazona. Aposentada do cargo de pedagoga pela Prefeitura de Montes Claros, mas ativa no cargo de professora da Universidade Estadual de Montes Claros, continuou trabalhando. Só adaptou seus horários junto aos demais colegas (parceiros demais!).

Durante os meses de tratamento, foi assistida de perto por Mavi e nosso maravilhoso irmão mais velho, Robson, que veio de Vitória e tornou-se um verdadeiro pau-pra-toda-obra.

Robão não só lhe empresta o ombro e injeta medicamento no músculo, como também coragem nas veias. Segura a cabeça para o vômito e limpa tudo... Faz comida e deixa a cozinha brilhando... Leva à sessão de químio e aguarda pacientemente o fim para dirigir de volta.

Após a massacrante quimioterapia, a radioterapia e a cirurgia, a Rainha Rege declara-se vitoriosa. Vencida essa guerra, dá continuidade ao seu doutorado.

OS "INGRÊIS"

A irmã caçula, Valéria, foi estudar em São Paulo e, por lá, casou, teve uma filha, a Lorena (que sofre bullying dessa tia até hoje, pois é tão branquinha que a trato por "Leitinho Azedo"!), separou-se e, depois de uns bons anos, voltou para Montes Claros.

Um dos amigos que fizera em Sampa foi morar no Canadá, mas era do tipo que não desgrudava o contato. Ainda bem que o WhatsApp veio pra salvar o bolso. Fosse antigamente, teriam que vender as calças de tanto que conversavam. Eles estavam tão longe, mas ao mesmo tempo tão próximos, que apresentavam um ao outro os novos amigos que conquistavam.

Valéria foi apresentada, assim, a Julian. O canadense, muito parecido com Anderson Silva — o lutador brasileiro — não falava sequer uma palavra em português. Valéria, tão somente arranhava o inglês. Um interessou-se pela história do outro e truncavam uma conversa, muitas vezes traduzida por meu filho Matheus.

Interessada que estava, tratou de fazer um intensivo de inglês. Ainda assim, Matheus ria de vez em quando das trapalhadas que ela fazia. Um dia, eles travavam prosa com o viva-voz enquanto Matheus dirigia e prestava socorro linguístico. Quando indaguei por que ele estava rindo, esclareceu:

— Julian é um *gentleman*! Delicadamente, ele repete a palavra em sua resposta com o que seria a pronúncia correta, mas tia Léa está tão crua que não consegue perceber.

Encontraram-se pela primeira vez o sósia do lutador e minha irmã no Rio de Janeiro. Ao ser convidada para dar um passeio na orla de Copacabana, minha irmã solicitou um minutinho para voltar ao quarto do hotel e pegar a bolsa.

Julian, arregalando os olhos com vontade, soltou:

— WHAT?!!!

Diante de um "*O QUÊ?!*" tão enfático, a desconfiada Valéria teve a certeza de que cometera um deslize linguístico. Quase desmaia de vergonha ao conhecer a gafe: trocara a denominação "bolsa" por uma chula palavra pela qual denominamos as partes íntimas de uma mulher.

Fala, não leitor!! Quem nunca cometeu uma gafe que atire a primeira pedra!

O namoro deu certo! Após um ano no Canadá, sentiram que a convivência era possível. Casaram-se em pleno início da pandemia (covid-19), em local aberto, com dois metros de distância entre eles e o oficial celebrante, bem como entre as duas testemunhas. A pequena recepção, onde pretendiam comemorar a união com os amigos, teve que ser suspensa.

POR FALAR EM GAFE

Por falar em gafe, tenho a obrigação moral de ser solidária com minha irmã. Tenho que registrar isso e pedir direitos autorais de tão exclusiva e inédita.

Depois que fiquei viúva, encontrei um novo relacionamento e a coisa foi fluindo ao ponto de financiarmos uma casinha em Diamantina, cidade de origem do meu bem amado. Nos feriados e nas férias, não perdia a oportunidade de ir brincar de quase acampamento na casinha.

Inicialmente, tínhamos a cama, uma panela elétrica, um ebulidor elétrico para fazer café e alguns vasilhames de cozinha. Passeamos por algumas lojas de segunda mão em Diamantina para ver o que poderíamos adquirir a um preço mais em conta. Isso nos rendeu apenas um pequeno mostruário de vidro onde guardamos os copos.

Depois que adquirimos o fogão, pedido pela internet, levamos uma mesinha de madeira que era usada por Edson como bancada de serviço com o notebook, além de acumular suas bagunças nas prateleiras inferiores. Para nós, serviu de mesa e armário.

Catei umas cadeiras velhas que estavam jogadas no quintal da minha sogra e as reformei, transformando-as em lindos bancos com tampo de madeira e pés brancos.

Daí, sonhei em adquirirmos um guarda-roupa. Fiz a proposta de darmos um pulo na cidade vizinha, onde os preços são menos inflacionados do que na cidade histórica. Tendo uma folguinha no serviço, Edson ligou:

— Topa ir agora?

— Claro!

— Passo pra te pegar daqui a dez minutos.

Apressada, tomei um banho ligeiro e vesti a mesma roupa com que saí para fazer umas comprinhas no supermercado.

Ao chegar em Gouveia, como o calor estava intenso, entramos em um amplo restaurante para comprar água. Ao sair, no meio do salão, travei. Edson pergunta:

— O que foi?

— Dê uma olhada pra meu pé direito!

Edson não só olhou, como também se flexionou e, como uma flecha, num milésimo de segundo, recolheu a calcinha que eu tirara anteriormente e que ficara dentro da perna da calça. A peça estava escorregando para o tornozelo! Colocou-a no bolso e saímos com cara de paisagem.

Daí, rimos bastante e fomos visitar o comércio. Não encontrei o guarda-roupa que queria, mas, em uma das lojas, avistei de longe uma fruteira com pintura marchetada em preto e prata, com cestos aramados de um lado e, do outro, duas estantes com o mesmo tipo de pedra de granito da nossa pequena bancada da pia da cozinha.

— Edson, que achado! Se couber no carro, levamos agora!

Um funcionário ajudou-o a colocar a peça no carro. Coube, mas o porta-malas teria que ficar aberto.

Edson comentou:

— Estou preocupado com uma coisa: se o vidro bater forte no metal, ele pode espatifar.

— Coloque algo pra amortecer o impacto!

— Não há nada no carro pra fazer isso.

— No carro pode não ter, mas no seu bolso tem!

Arregalando os olhos e o sorriso, um Edson divertido fez a amarração do amortecedor. Abençoada calcinha!

O SECO

O finado marido, o Galego, certo dia, ao começar a frequentar a casa de minha mãe, disparou após a entrada de Marcelo, meu irmão:

— Vou dar um murro nesse irmão seu!

— Não vai não que é fria!

— Por quê?

— Ele é faixa preta no *Taekwondo*! Afinal, por que você daria um murro nele?

— Ele passa e nem abana o rabo!

— Pois eu digo que ele cumprimenta, sim! Passe a observar: ele levanta um dedinho e uma sobrancelha! Essa é toda a comunicabilidade do Seco. Não espere muito mais do que isso por enquanto.

Era assim que me dirigia àquele varapau fardado. O militar era seco por dentro e por fora.

Depois de casado, ficou um pouco mais comunicativo e, após se reformar da polícia, já com uma vida boa e sem atividade física, ficou bem mais fornido. Perdeu o direito ao apelido.

Fiquei surpresa com o jeito carinhoso e paciente com que tratou os filhos quando eram pequenos. O Marcos, o mais velho, parece mais com a mãe. O mais novo, Gabriel, parecido com o pai, decidiu despontar quando a mãe estava recebendo os convidados para a festa de aniversário do Marcos. Depois da meia-noite, após algumas horas de trabalho de parto, veio ao mundo o segundo filho.

TRAPALHADAS DE GALEGO

Certa vez, pedi ao meu marido Galego que fizesse pontuais manutenções em nossa residência. Ele se dispôs a consertar o telhado da área de serviço em troca de um almoço farto e regado a uma boa cerveja gelada.

Posicionou a escada de ferro por ele mesmo fabricada, escalou-a até o último degrau e esticou-se para alcançar o extenuado telhado, ignorando toda e qualquer norma técnica e fazendo qualquer técnico de segurança do trabalho arrepiar-se.

Diante de tal cena, tive de intervir:

— Desça daí, Galego! Esta escada está bamba e perigosa! Você vai se espatifar!

— Que nada, Cacau! Estou seguro aqui! — disse o aspirante a alpinista.

A contragosto, larguei a cozinha para auxiliar de algum modo, mesmo que apenas segurando a escada ou advertindo-o sobre qualquer perigo.

Dito e feito! Galego apoiou-se em uma telha, que escorregou e o derrubou de costas de tal altura. Larguei a escada rapidamente, flexionei os joelhos e armei a posição de lutadora para apará-lo. Consegui o feito, mesmo que a custo de dores articulares nos braços, pernas e costas por algumas semanas.

Segurando-o em meus braços, tal qual um nascituro, encarando seus olhos arregalados, ouvi o que seria dito a uma *Sheha*:

— Você me salvou, Cacau!

CHAPADOS

Há boas décadas, Galego e Jésus, amigos, compadres e companheiros das lutas sindicais, foram a um simpósio sindical em Belo Horizonte.

Chegaram na noite da véspera e resolveram dar um giro pelos muitos bares da capital mineira. Como de praxe, entornaram cerveja como se não houvesse amanhã.

Jésus, ao romper da aurora, sentiu a esperada sede e dirigiu-se ao frigobar. Resolveu tomar um ar fresco. Abriu a janela de um dos últimos andares do hotel. O corpo transformou-se em um pêndulo abobalhado ao avistar um pombo vermelho em pleno voo. Fechou os olhos para dissipar a miragem. Quando voltou a abri-los, sentiu que o melhor seria dormir um pouco mais para sarar da carraspana, já que voltou a avistar outro pombo. Dessa vez, a ave era bem amarelinha.

Mais tarde, o companheiro de quarto também vai matar a sede. Após tomar toda a água que restou, retorna ao leito um Galego de olhos preocupados e relutante em dizer algo.

— *Cumpade*! Acho que *batizaram* minha cerveja! Cê num sabe o *quequieu* vi!

— Preocupa não, Galego! Eu também vi. Não pode ter dois com a mesma miragem.

No restaurante do hotel, os matutos indagaram um dos garçons e descobriram que havia um pintor meio maluco no último andar que capturava os pombos, pintava-os e depois os soltava.

SEM NOÇÃO

Márcio, irmão do Jésus, também amigo e compadre de Galego, era casado com Adélia. O casal era dono de um posto de gasolina, com bar, loja de conveniências e videolocadora (enquanto esse grande sucesso da modernidade derrocava as salas de projeção).

Num daqueles sábados em que saíamos do mercado para dar uma 'passadinha' no posto, mas chegávamos em casa com as alfaces já murchas, contei para Adélia minha experiência com jaca:

— Não sei se por essa fruta não ser comum na beira do São Francisco, não tendo assim costume com ela, ou se por ser babenta, nunca gostei de jaca! Só que há uns poucos anos descobri meu doce predileto. Pode acreditar, Adélia: é doce de jaca!

— Uai, Cau! O doce também é babento!

— Não! Não é dessas compotas que a gente encontra por aí! É um doce tipo uma cocadinha ou um pé-de-moça. Cristalizado por fora, mas ainda macio por dentro. É um sabor sem noção!

— E onde você achou isso, menina? Nunca vi por aqui!

— Lá no Espírito Santo. Um dia, eu estava na loja de moto-peças do meu irmão quando passaram vendendo o tal doce. Vinha numa caixinha branca, tipo caixa de bombom. Robson comprou e disse que era obrigatório eu experimentar. O sabor era indescritível! Sem noção!

— Moça, lá no sítio tem pé de jaca. Você sabe fazer?

— Pode crer! Quando provei pela primeira vez, já disse de cara pra o Robão que eu ia reproduzir o doce. O coitado me desafiou, colocando dificuldade no ponto. Perdeu feio!

— Dá pra eu fazer e vender essa novidade aqui na loja! Vamos lá no próximo final de semana? Podemos jogar buraco e fazer o doce.

— No ato!

Ainda acrescentei:

— Lá no Espírito Santo, existe uma espécie que não é babenta. Eles chamam de jaca dura. A babenta é a mole. Parece que a jaqueira lá é nativa. Tem muita! Aqui, a gente vê muito pé de manga. Quem tem quintal, tem mangueiras. Lá, é jaca. A gente anda pela estrada à beira-mar e vê tanta jaqueira quanto se vê de pequizeiro por aqui.

Dito e feito. No sábado seguinte, conforme combinado, a turma foi chegando aos poucos: uns cuidando da limpeza, outros acendendo a churrasqueira e ajeitando a cerveja na geladeira, e outros escolhendo e arrancando as jacas.

— Cau, só conseguimos duas jacas. Isso dá?

— Dá um bocado. Não é lá muita coisa, mas, pelo menos, você vai sentir a aceitação dos fregueses.

Iniciei o processo já combinando com os primeiros jogadores do carteado.

— Os perdedores vão bater o doce quando estiver finalizando!

— É isso aí! Só sei que não serei eu! — respondeu de pronto o dono do sítio.

— Eu é que não vou! — retrucou o adversário Jésus.

— E ainda vamos ganhar uma amostra do doce como prêmio! Né, Adélia? — reforçou o parceiro Jésus.

— Nada disso! O doce é pra loja!

— Só uma amostra, cunhada morta de fome!

— Uma amostrinha de nada!

Fato é que foi chegando gente: amigos de todos, amigo do amigo, amigo dos filhos do dono... Havia a turma jovem que não jogava cartas, mas peteca, vôlei e sinuca; a turma do truco; duas turmas nas mesas de buraco, com outros aguardando a vez.

Doce pronto, cada um envolvido em uma ligeira camada de açúcar, foi colocado em tabuleiros para secar.

Foi uma tarde de muita sorte para Adélia. Não fez revezamento com ninguém, pois venceu todas as partidas. Distraída que estava, não percebeu que o tira-gosto predileto e inédito para os cachaceiros era o doce de jaca. Volta e meia, com cara de quem não quer nada, ia um e surrupiava o doce. Parecia que havia um surto de "moreiragem". Só tinha visto na vida o tio Moreira tomar cachaça comendo doce ou a própria jaca.

Já de noite, levanta-se uma vencedora cansada da batalha:

— Chega! Cansei! Entra alguém no meu lugar! Vou guardar meu doce num pote e tomar um banho!

Logo, logo, arregalamos os olhos quando a anfitriã esguelou:

— Povo sem noção!!! Cadê o doce?!

Não, Adélia! Sem noção é o sabor do doce! Do irresistível não havia sobrado nem farelo!

DUDU

Tive um primeiro casamento que não deu certo. Durante os seis anos do namoro, que começou na adolescência, e os quatro anos de casada, convivi bastante com os cunhados e sobrinhos do ex. Dentre os sobrinhos, havia Eduardo e Mônica, filhos do cunhado Tarcísio, casado com Ana.

Convivi bastante com essas crianças, pois, quando íamos a Belo Horizonte, era na casa deles que ficávamos. Em suas férias, vinham para Montes Claros ficar com os avós. Lá era a pousada oficial, mas, como éramos vizinhos, brincavam muito em minha casa.

Ana pediu o divórcio e deixou os filhos sob a guarda de Tarcísio. Os filhos passaram a conviver menos com ela. Para o dia a dia, Tarcísio encontrou uma boa pessoa que cuidava dos filhos e da casa enquanto ele trabalhava. A empregada ficou por alguns bons anos, mas sua visão estava se comprometendo. Por fim, a cegueira a impediu de continuar trabalhando.

Quando me separei, perdi a convivência com eles.

Segui a vida. Às vezes, encontrava-me com Rosa, ex-cunhada. Ela sempre me dava notícias deles.

Tarcísio teve falência dos rins, submetendo-se à diálise. Sempre foi uma pessoa muito querida por todos. Quando sua situação estava crítica, recebeu um rim de sua ex-cunhada, irmã de Ana. Depois de um tempo, começou a ter rejeição.

Nesse ínterim, Tarcísio conheceu uma enfermeira pela qual se apaixonou. Casaram-se algum tempo depois.

Quando Eduardo completou dezenove anos, estava muito feliz, pois tinha conseguido entrar para o CEFET.

Perguntou à sua mãe:

— Mãe, quando a gente está assim tão feliz e gostaria que as pessoas ficassem felizes também, como posso fazer isso? Queria dar um presente para vocês, mas não tenho dinheiro nenhum...

— Olha, Dudu, podemos dar sorrisos, abraços e muito amor. Isso é o presente mais importante que se pode distribuir na vida.

Na mesma semana, Eduardo compartilhou amor e todos os órgãos que poderia doar. Sofreu uma dor de cabeça intensa e, quando buscaram recurso, já era tarde; tivera o rompimento de um aneurisma.

Enquanto Dudu era sepultado, Tarcísio era transplantado com o rim do filho, a empregada que ficara cega ganhava uma córnea e muitos outros recebiam os demais órgãos. Todos eles puderam partilhar daquele triste presente de amor.

PESCADOS

Tenho boas recordações de pescaria. A primeira delas foi de um douradinho com tamanho bem abaixo do autorizado pela legislação atual. Era rio cheio. A prima Hélia deixou sua vara de bambu comigo enquanto ia aliviar a bexiga. Antes que ela voltasse, senti a puxada. Fui a campeã do dia.

Quando morávamos em frente ao rio, era praxe eu e meu irmão Marcelo descermos o barranco com a linha enrolada em um carretel para a pesca da chamada linha estirada (sem vara, rodopia-se a linha com a mão próxima à chumbada e o anzol, bem junto ao corpo, para, em seguida, arremessá-la). Pescávamos muitos piaus, matrinchãs e mandins. Pendurávamos os pescados em um graveto com várias pontas que serviam de ganchos. Encerrada a pescaria, contávamos os prêmios e víamos quem era o vencedor da disputa daquele dia.

Lá pelos meus nove anos, ao juntarmos muitos na chalana do meu pai, usando a linha estirada, um dos adultos não tinha prática suficiente para ficar naquele amontoado. Prova disso é que ele me fisgou. O anzol prendeu nas minhas costas, pela altura dos rins, e foi quebrado pela chumbada. A sereia não gritou, nem chorou. Após algumas tentativas frustradas de retirar o anzol sem causar estragos, tiveram que me levar ao pronto-socorro para retirá-lo. Meu único lamento foi o de interromper a pescaria.

Quando tio Moreira providenciou uma pescaria em alto-mar, fiquei exultante. Éramos dez nessa façanha. Pegamos um cardume de dourados e fizemos a cata. Eram peixes grandes, com no mínimo vinte quilos. Só tive forças para puxar dois.

Ver aqueles dourados luminescentes dentro da água, os cardumes de peixe-voador e sentir a brisa marinha já valia muito. De mais a mais, desvendei mistérios. Há um tempo, assisti a uma entrevista na televisão em que o entrevistado relatava ter sido assaltado por piratas em pleno mar azul. Com meus botões, pensei: *Não, besta! Foi no mar roxo!* Lá, eu descobri a linha que separa as águas da costa das do alto-mar. Duas cores distintas: as da costa, verde-esmeralda; as do alto-mar, azul-marinho. Também não sabia por que azul-marinho tinha esse nome. Nem sonhava que o mar possuísse uma cor tão densa, tão escura.

A pesca em alto-mar nos rendeu mais de seiscentos quilos de dourado. Tio Moreira, depois de distribuir peixes entre os parentes e amigos mais chegados, teve que comprar um grande freezer para acomodar o que restou. Comemos muito dourado à escabeche, preparado pelo meu irmão Robson, naquele verão.

Antigamente, na pesca à beira-mar, esticávamos redes na maré baixa, esperávamos a alta e, quando baixava novamente, íamos fazer a coleta dos peixes e lagostas.

Vale fazer uma descrição ligeira do que seria um dos meus discretos uniformes de pescaria: bermuda rosa-choque de malha coladinha até quase o joelho, camiseta amarelo-ouro, meião de goleiro do Cruzeiro e um velho par de botinas ou tênis. Na cintura, uma corda passando pela bainha de uma peixeira. Minhas irmãs se afastavam com vergonha da figura se manifestar como parente, ainda que fosse de quinto grau! Confesso que, às vezes, fingia ser *O Sombra*.

Volta e meia, alguns curiosos voltavam a cabeça para olhar melhor aquela figura discreta. Quando então, eu segurava na peixeira e caprichava num sotaque de mulher paraibana.

— *Tô bunita ou num tô, cabra?*

Ninguém nunca ousou me dar outra resposta que não fosse:

— Tá liiinda!!

Numa dessas pescas, arrastei por uns cinquenta metros uma arraia de mais de quarenta quilos. Juntou muita gente para olhar. Só tenho certeza de que minhas irmãs não estavam no meio daqueles curiosos.

A TARTARUGA

Na literatura, volta e meia, deparei-me com os personagens apreciando uma sopa de tartaruga. Tinha vontade de degustar essa iguaria.

Por volta de 1985, ao armar redes no litoral capixaba, deparamos com algumas tartarugas presas na malha. Soltamos as pobrezinhas, pois morrem afogadas se ficarem muito tempo submersas. Qual foi a minha tristeza quando, por último, deparamos com uma já morta!

Só que a tentação bateu:

— Robão, você já comeu tartaruga?

— Olha, Cau, eu já fiz uma vez, mas num gostei, não! Não sei se eu não soube preparar...

— Pois eu não comi! Não posso dizer que não gostei.

— Melhor é enterrarmos a bichinha no bosque aqui perto.

Inconformada, perguntei a um conhecido, dono de um quiosque próximo:

— Pernambucano, você já comeu tartaruga?

— Já, sim.

— Você gostou?

— Vixe! Gostei demais!

— E você sabe preparar?

— Sei, sim!

— Se alguém lhe entregasse uma, você poderia preparar?

— Com certeza! E só cobraria a cerveja!

No outro dia, voltamos e jantamos um ensopado de caldo grosso, acompanhado somente de pão. Agora eu poderia dizer que gostei. Gostei *por demais*!

Ficamos nesse incidente isolado. Nunca mais pescamos naquele recanto das tartarugas.

EDUCAR

Já que sempre amei a literatura, minha inclinação sempre foi para as letras. Teria escolhido o curso de Comunicação voltado para a publicidade se houvesse essa oferta em minha cidade. Em Minas Gerais, na época em que me formei no Ensino Médio, esse sonho só seria possível em Belo Horizonte. Era época de vacas magras, sem condições de me manter em outra cidade. Desse modo, conformei-me com o curso de Letras/Francês oferecido pela faculdade local.

Enfim, tornei-me professora da rede pública estadual.

Em sala de aula, sempre tive a preocupação de formar o aluno como um cidadão consciente, preparando-o para a vida e, especialmente, despertando-lhe o olhar crítico.

Procurei desmistificar o medo de errar e o de não saber. Uma das técnicas que usava era perguntar:

— Quem não sabe, levante a mão!

A tendência normal é ninguém assumir que desconhece a resposta. Como sei ler bem a hesitação nas expressões dos alunos, perguntava de propósito a algum deles que eu supunha que não soubesse a resposta.

— Pode esclarecer para os seus colegas?

— Eu não sei, professora!

— Creio que você não entendeu. Então, vou repetir: quem **não** sabe, levanta a mão!

Dessa vez, teria noção de quantos alunos desconheciam o assunto proposto.

À medida que se acostumavam comigo, os alunos ficavam mais à vontade para ser honestos. Ao perguntar-lhes, por exemplo, quem em casa levantou-se, arrumou a cama e lavou a xícara ou copo em que tomou café, eram raros os homens que levantavam a mão. Daí, normalmente, eu introduzia a discussão sobre a questão de gênero e o papel da mulher na sociedade atual, para posterior produção de texto, com a bomba:

— Vocês, homens que não fazem isso na sua rotina, não estão errados! A mãe da maioria de vocês é que está falhando em educá-los! Ela está reproduzindo a educação que recebeu e formando as mulheres para servir aos homens.

Assim, sempre procurei quebrar o círculo vicioso dessa educação patriarcal. Mesmo tendo um filho único, não o mimei. Num domingo, quando estava em uma rodada de jogo de cartas — mais precisamente, o buraco — em casa, fui alvo de alfinetadas. Era o primeiro dia em que meu filho, já conseguindo ligar o chuveiro, tomava banho sozinho. Eu o ouvi gritar:

— Mamãe, pegue a toalha pra mim, porque eu esqueci!

Respondi, no ato:

— Filhote, saia molhado hoje e todas as vezes que esquecer a toalha!

— Cláudia, o quê que custa, *ocê* largar o *buraco* pra ir pegar a toalha pra seu filho? Ele é só uma criança!

— Custa muito! Custa a independência!

Sim! A meu ver, custa uma dupla independência: a do meu filho, por aprender a se virar sozinho, e a de todas as mulheres que possam fazer parte da vida dele.

Aos sete anos, comprei para Matheus duas blusas para o uniforme da escola e decretei:

— Todos os dias, quando chegar da escola, tire o uniforme e lave sua blusa. Você só não vai lavar na quarta-feira, pois é dia de a empregada lavar a roupa da casa. Vamos ali no tanque, pois eu vou ensinar como se faz.

A luta era com a minha mãe. A empregada dedurava que, assim que eu saía para o trabalho, era possível escutar:

— Pega sua blusa lá, *Chim*! Que vovó vai lavar!

Misericórdia!!! Êta que eu brigava!

Era por isso que, quando a minha mãe viajava para passar uma temporada em São Paulo, o danadinho só se lembrava de lavar a blusa à noite:

— Matheus! Já lavou seu uniforme?

— Xiii! Esqueci.

Lá ia o sujeito lavar e colocar a peça atrás da geladeira para secar.

MESTRE CUCA

Enquanto eu mantinha uma empregada, a vida de trabalhar em dois cargos como professora era sofrida, mas administrável.

Camila ficou uma boa temporada comigo. Só saiu quando montou o enxoval e foi se casar. Trabalhava de segunda a sexta-feira, passando o final de semana em sua cidade natal, Capitão Enéas, próxima a Montes Claros.

Numa certa segunda-feira, por volta das onze e meia, quando cheguei em casa, encontrei Matheus na cozinha:

— Mãe, Camila ainda não chegou, mas já estou adiantando o almoço.

— Muito bem, filhote!

Espiei o que o mestre-cuca aos nove anos tinha aprontado: o arroz, ainda duro, estava com o fogo desligado; o feijão cozia sem a pressão na panela; o bife que estava sendo batido era de carne de sol.

A partir dali, fui dando coordenadas e revelando pequenos truques de cozinha.

O danadinho, hoje em dia, faz até bolo de aniversário – bem gostoso! — desde que não precise de muita frescura na cobertura. Volta e meia, os amigos vêm apreciar suas iguarias.

JULI

Juliana veio de Salinas, uma cidade do interior, bem ao norte de Minas, e começou a trabalhar comigo na fase em que Matheus começava a desenvolver a linguagem e a frequentar a pré-escola. Os pais dela moravam na roça, mas queriam que as filhas estudassem; por isso, permitiram que elas frequentassem a escola na cidade.

Quando a mais velha passou no vestibular em Montes Claros, as quatro irmãs vieram para estudar e trabalhar. Alugaram um lugar minúsculo para ficarem juntas.

Juli, sempre aplicada e estudiosa, tratava meu filho com carinho, mas com pulso firme. Os desvios de linguagem eram cortados sem negociação. Seu poder de comando era notório.

Incentivei seus estudos e, principalmente, o hábito de leitura. Costumava passar para ela as atividades que eu aplicava para meus alunos e notava sua desenvoltura. Ela queria prestar vestibular para Direito. Orientei-a:

— Juli, vale a pena buscar um cursinho pré-vestibular com um custo mais em conta para não perder o ritmo de estudo.

— Ah, Cau! Todo mundo fala que Direito não é para mim. Que muitos que estudam em escola particular não passam. E eu sempre estudei em escola pública.

— Juli, eu sei do seu nível de conhecimento e da sua capacidade de raciocínio. Trabalho há muitos anos com educação e sei reconhecer um bom aluno. Você não vai desistir do seu sonho! De jeito nenhum!

Ela assim fez: pagou seis meses de cursinho e fez a inscrição do vestibular para Direito, caladinha. Só eu e uma das irmãs sabíamos qual era o curso pretendido.

Fato é que a danadinha passou.

Logo depois, me revelou:

— Cau, vou tentar o concurso da Polícia Militar.

— Bom demais, Juli! Você já tem perfil de sargento mesmo! Manda até em Galego!

Pura verdade! Galego passava a semana trabalhando fora e vinha todo final de semana. Íamos juntos ao mercado aos sábados para comprar frutas, verduras frescas, queijos e tomar uma cervejinha. Às vezes, quando eu tinha reunião ou dia letivo, primeiro cumpria meu compromisso e me encontrava com ele já no mercado. Vez ou outra acontecia a seguinte cena:

— Galego, aonde você está indo?

— Vou me encontrar com Cacau no mercado.

— Por isso você está saindo de fininho! Você não vai envergonhar Cau saindo com essa roupa, de jeito nenhum! Pode trocar AGORA!

O jeito firme de Juliana não permitia discussão. A bruta era obedecida.

As etapas das provas da polícia, tanto a escrita quanto a física, foram vencidas. Vieram os exames médicos. Juliana foi reprovada no exame psicotécnico, como se não tivesse perfil para exercer a função de militar.

A meu ver, eles não poderiam estar mais errados. Corri atrás de informações. Havia uma falha no edital do concurso que não previa a interdição nesta etapa.

— Juli, nós vamos entrar com um recurso! Vamos ter que contratar um advogado.

— Cau, eu não tenho dinheiro pra isso! Gastei tudo que eu tinha com os exames.

— Vamos dar um jeito!

Liguei para o colega Cláudio Prates:

— Meu xará! Tenho uma incumbência pra você!

— Pode falar, Claudinha!

— Tem uma menina que passou no concurso da Polícia Militar, mas foi eliminada no psicotécnico. Quero que você entre com um recurso! Vou te dar uma entrada pequena e, quanto ao resto, trate de segurá-la para você ir recebendo em pequenas prestações.

— Se você falou, Claudinha, tá falado! Vamos fazer do jeito que você quiser!

Eu e minha mãe emprestamos o dinheiro da entrada. Juliana, após o curso de formação de soldado e ainda frequentando o Curso de Direito na Universidade Estadual de Montes Claros, já tinha um vencimento bem maior que o meu, em dois cargos de professora da rede de educação estadual, com graduação e pós-graduação.

A partir dali os editais para esse concurso fecharam a brecha para esse tipo de recurso.

Hoje, Juliana é capitã, subcomandante da 2ª Companhia da Polícia Militar Independente em Taiobeiras. Ela é a única mulher nesse posto e função dentre os 77 municípios que compõem a 11ª Região da Polícia Militar de Minas Gerais.

Em meus pensamentos, sempre aplaudo e faço continência para ela.

PRAIA DE JANU

Em Minas Gerais, não temos o mar. Em época de temporada, nós, mineiros, invadimos algumas praias. Os que moram mais ao centro invadem o Espírito Santo, especialmente Guarapari. Mais ao sul, cobrem as praias do Rio de Janeiro. Aqui no Norte de Minas, normalmente, marcamos ponto no sul da Bahia, especialmente em Porto Seguro.

Só que, em julho, o litoral do Sudeste brasileiro é varrido pelo famoso e frio *Vento Sul*. Para quem está acostumado ao calor, não ficamos de bobeira numa praia chuvosa e com águas geladas.

É aí, nessa época, que entra uma maravilha: a praia de água doce! Em Januária — a querida "Janu", para os íntimos — a areia alvinha permite que se fique exposto ao sol o suficiente para bronzear, sem virar carvão, já que a temperatura é mais amena.

Ah, leitor! Não visite a cidade depois de agosto! É lá onde se pode fritar ovos sem o uso de fogão! Basta quebrá-los no asfalto ou nas lindas e polidas pedras do calçamento de suas antigas ruas.

Meu irmão Robson, acostumado com os quiosques maravilhosos do litoral capixaba, sentiu-se incomodado ao ser mal atendido em um domingo lotado de banhistas. Na verdade, sentiu-se mais do que incomodado; sentiu-se desafiado. Assim, propôs ao primo Wilson:

— Sassá, vamos mostrar para esse povo como se trata um turista? Vamos montar uma barraca de arrebentar a boca do balão?

— Uai, Robão! *Cê* sabe que nossa especialidade é peixe. Eu assumo a cozinha!

— Pode deixar que eu vou comprando aos poucos tudo que vamos precisar: pratos, copos, talheres e até cadeiras de praia que nós vamos disponibilizar aos clientes.

No ano seguinte, Robão despachou a mercadoria de Vitória. Sassá, ainda tenso com a licença de funcionamento emperrada, recebeu a mercadoria.

Robão não titubeou:

— Compre a barraca do comerciante menos movimentado que já tem o alvará de funcionamento!

Assim feito, a barraca, ao som de *Gipsy Kings* — sucesso na época — e dos tradicionais sambistas brasileiros, inaugurou uma nova era em Janu. Nos finais de semana, assim que largava o serviço, eu saía de Montes Claros e me juntava à equipe comandada por Robão. Eu, com muita honra e alegria, era ajudante do "*chef de cuisine*" Sassá.

Trouxemos no cardápio uma variedade degustativa que mesclava rio e mar. O tradicional e as inovações àquelas beiras fizeram sucesso. Ninguém sentiu falta de quiosque à beira-mar, tendo peroá frito e camarão à disposição. Quem não gostasse da habitual cervejinha gelada teria seu uísque, água de coco, gin com tônica, caipifrutas, dentre outras bebidas. O peixe poderia vir inteiro, em postas ou filés. Poderia ser pedido frito, empanado na goma caroçuda típica da região, moqueca ou assado. Eu montava uma boa apresentação para o peixe, as saladas e outros acompanhamentos, como arroz verde, arroz com açafrão e pirão com pimenta.

Enquanto cozinhávamos, eu e Sassá nos movimentávamos ao som da música, dando batidinhas de quadril com quadril, despertando uma veia de ciúmes na esposa dele. Eu fingia que nem via o olhar de demônio verde. Não só trabalhamos; sentimos alegria, energia, foco e diversão saindo pelos poros.

Após o movimento dos banhistas, por volta das dezesseis horas, a equipe se servia de um bom almoço preparado pelo *Chef*.

A barraca funcionou apenas por uma temporada. A lição foi aprendida. Os quiosques passaram a servir bem. Januária é um ponto turístico das praias de água doce no Norte de Minas no mês de julho. Deixamos um legado e carregamos no peito uma boa dose de saudade.